丹沢・大山・相模の村里と山伏

～歴史資料を読みとく

城川　隆生

宝暦七年（1757）出版『御行列』に描かれた八菅山伏

夕暮れの蛭ヶ岳山頂から富士を望む。西丹沢の山々の上を雲海が流れ落ちる

秦野市渋沢丘陵震生湖近くからの丹沢の展望

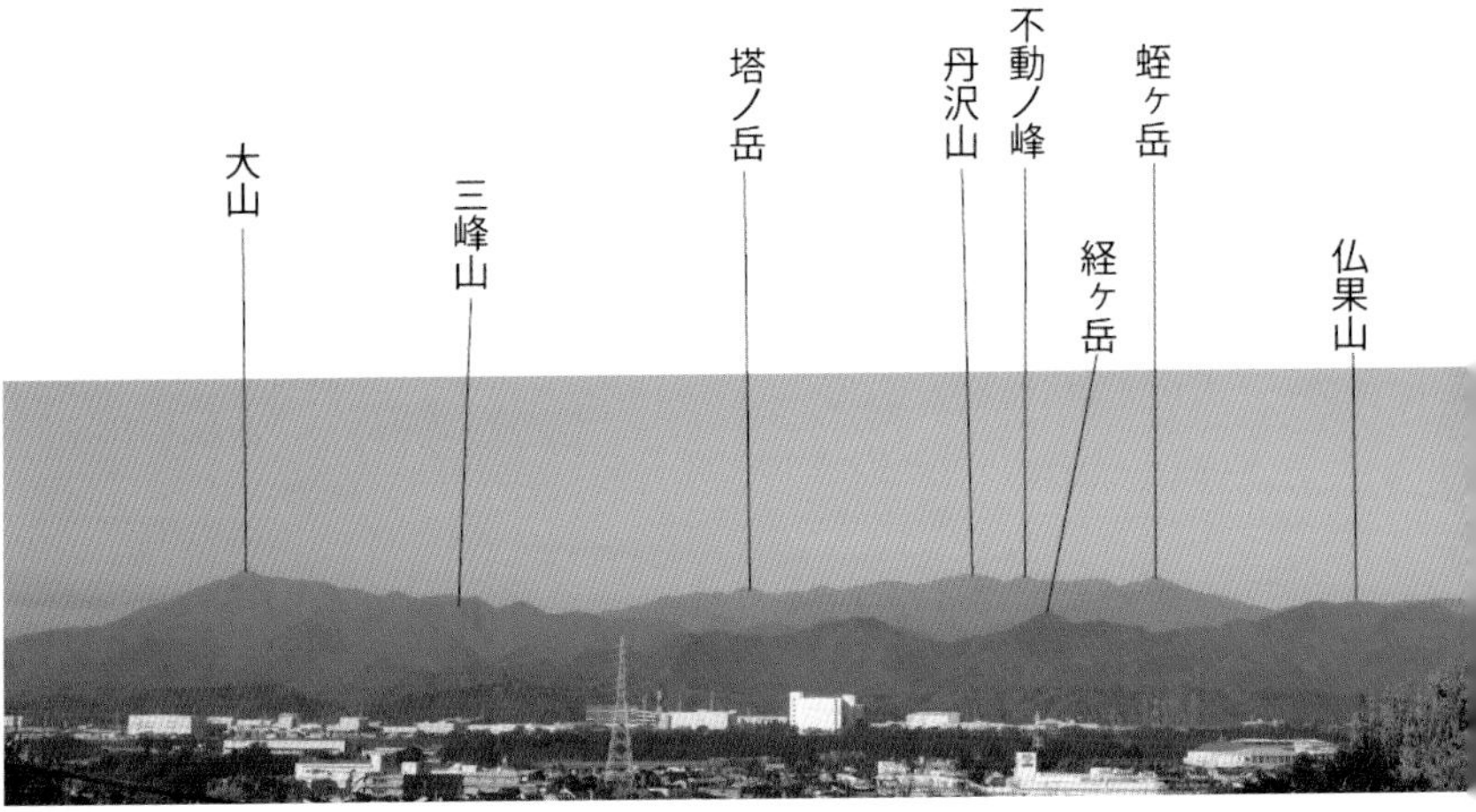

相模原市南区県立相模原公園からの丹沢の展望

丹沢の山々と宮ケ瀬湖（相模原市緑区南山遊歩道からの展望）

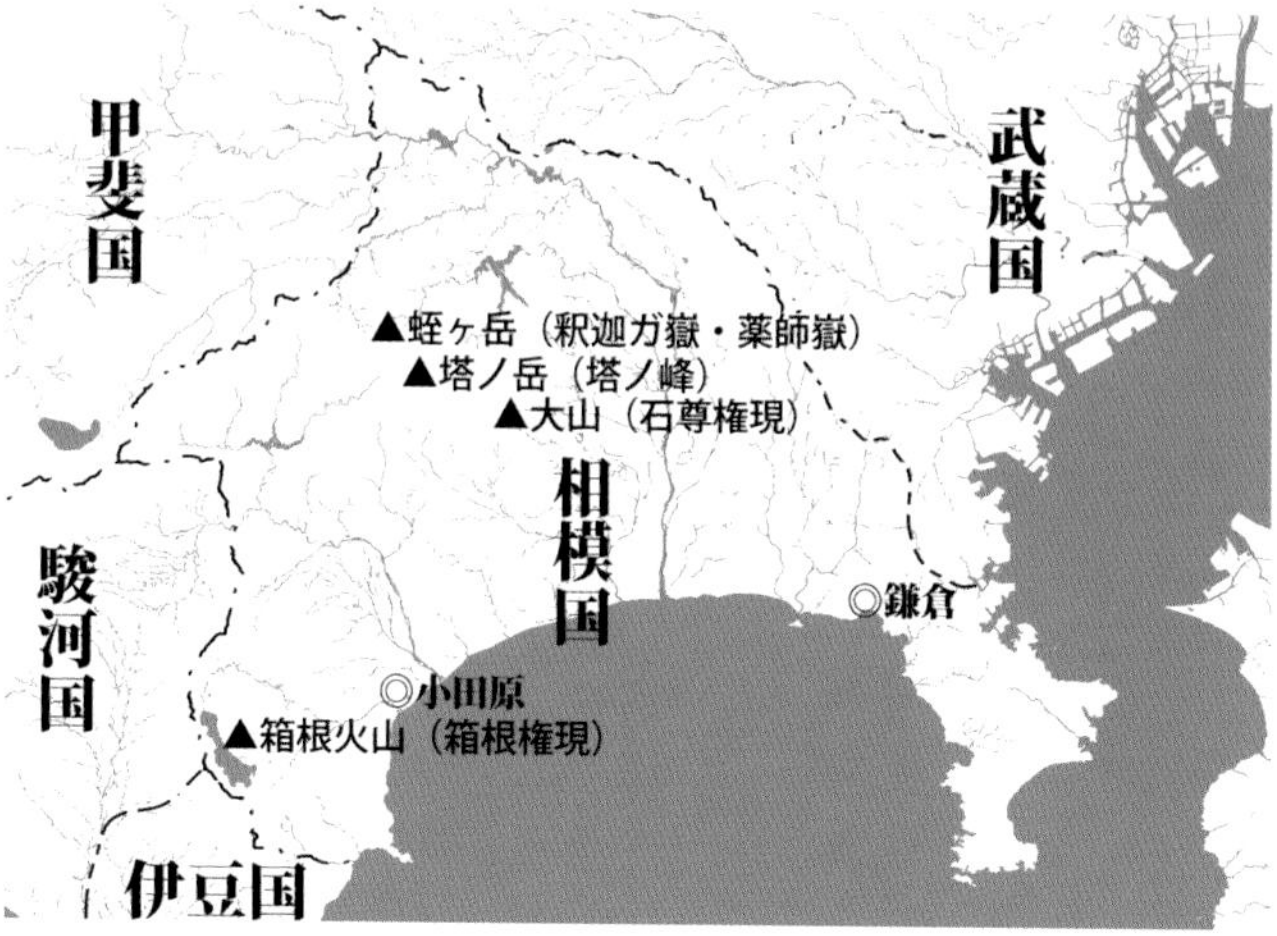

江戸時代以前の相模国と隣接する国々

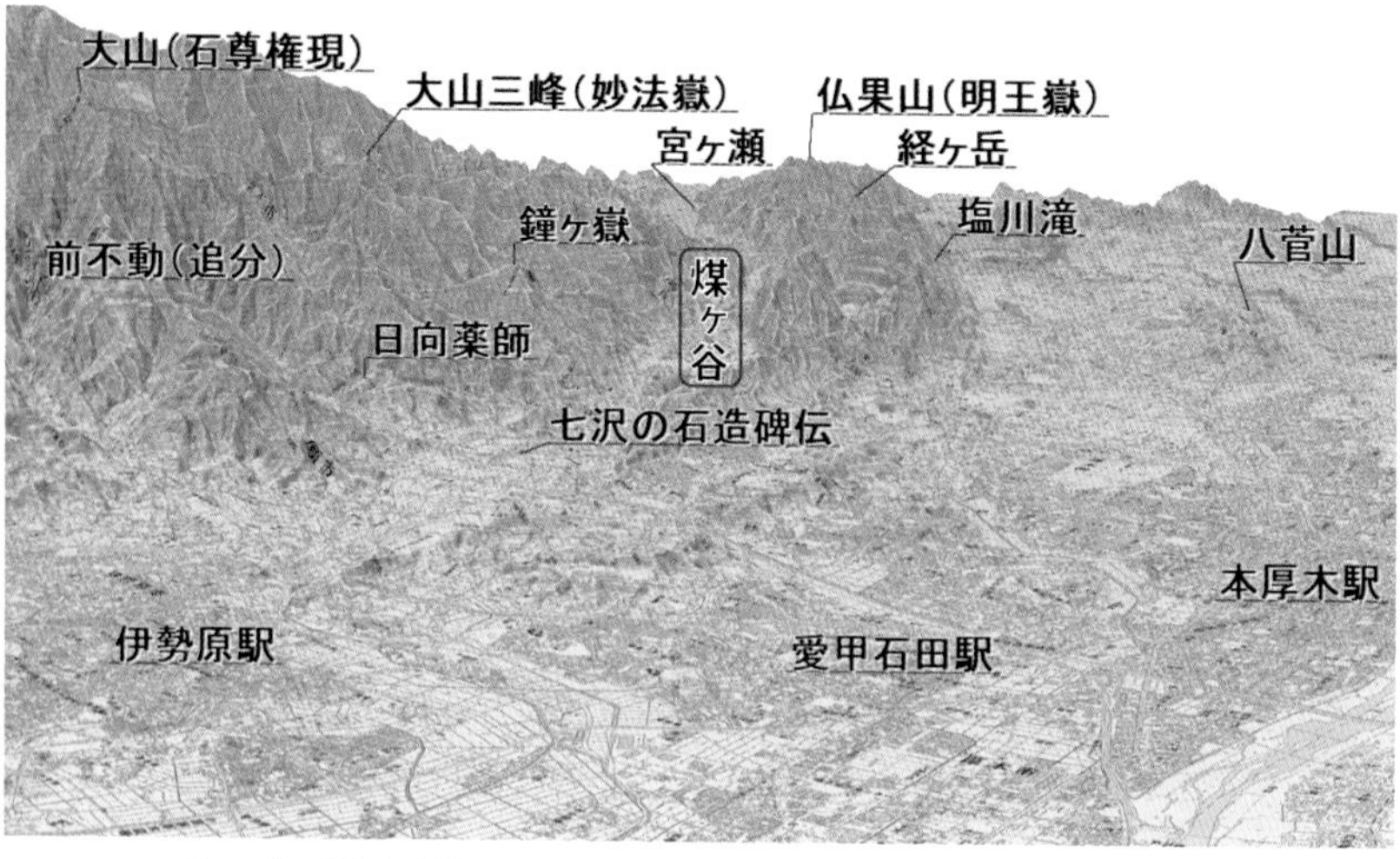

煤ヶ谷（清川村）と周辺の山々（茅ヶ崎駅上空2000メートルから）

はじめに

本書は、山伏の歴史を柱に、なるべくその当時の資料をもとに、丹沢・大山の江戸時代以前の姿を描いてみました。『丹沢の行者道を歩く』という本を書いてから十五年が経ちましたが、その間にも今まで存在していたのに気付かれてこなかった昔の資料がいくつも出て来ました。当然、新しい資料が出て来ると今までの考えに間違いがあったことに気付きます。内容も訂正しなければなりません。学術論文としてはその新しい情報も公表しますが、その情報は一部の方にしか伝わりません。

今回、本書を書こうと思ったきっかけは、平成二十六年（二〇一四）から翌年にかけて『神奈川新聞』県央版紙上で担当させて頂いた連載「法螺貝の響く山　丹沢山岳宗教講座」です。担当記者の石本健二さんに、専門知識のない方でも読んで理解できる文章にしなさいというご指導を頂いて何度も書き直しているうちに、以前から俗説がはびこる丹沢周辺の歴史話として過去を「最新の」同時代資料から見直すということの作業には立派な社会的意義があるのではないか、と大袈裟に考えるようになったのでした。ところが、その後もまた新しい資料が見つかりました。キリがないのでここで一区切りです。まだ難しいとお叱りを受けるかもしれませんが、これからも、未発見の資料が新たに見つかる可能性はあります。その時は、またそれをもとにもっとわかりやすい本を書きたいと思います。

ところで、昭和二十九年（一九五四）に山と渓谷社から出版された『丹沢山塊』というボロボロのガイドブックを、先日、大正十五年（一九二六）生まれの父親から譲り受けました。昔の人は古い本を持っているなあと思ったのですが、その中の冒頭「丹沢山塊総説」は日本の近代登山の黎明期を飾った登山家であり植物学者の武田久吉氏の文章でした。イギリス外交官で日本研究者でもあったアーネスト・サトウとその次男武田久吉親子のことは本文でも触れました。修験道廃止令の翌年、明治六年（一八七三）には丹沢冒険記を書き残しているアーネスト・サトウ、そして明治三十八年（一九〇五）に丹沢に登った武田久吉氏。近代初めの丹沢の様子を知るこの親子の証言は貴重です。少し長くなりますが「丹沢山塊総説」の一部を引用します。

富士にせよ大山にせよ、永い間信仰登山の対象であった。そして大山こそ、永い間丹沢山塊の代表者の観があったのである。その大山では面白くないと、その西隣の塔ノ岳に、而も玄倉川を遡り、裏側から、私達十二名の学生が、始めて足を入れたのが、この山塊の山々を、山岳愛好家の者とした動機となったのだが、それがもう四十九年前の、明治三十八年のことである。

尤も維新前後、この塔ノ岳は尊仏山と崇められ薬師ガ岳（即ち蛭ガ岳）及び不動ノ峰や、所謂表尾根の行者ガ岳などと共に、大凡百年間ほど、講中の人達の敬虔な姿が見られたのだが、明治の中年以降には、信者の姿よりも猟師や駒鳥捕とか、木樵や炭焼の方が多く、山径も甚だしくあれてしまった様である。そして尊仏山は、ただ春五月十五日の祭日に、近郷近在から、この山頂目掛けて群衆が登るだけになってしまった。

武田久吉氏が丹沢をくまなく歩いた明治・大正・昭和の時代には、伝統的な入峰修行を行っていた山伏についての情報はもうかなり失われていたと思われます。明治維新と修験道《しゅげんどう》廃止令は山岳宗教の様相を激変させました。山を歩く集団も変わり人々の生活と記憶から山伏の存在はいったん消えてしまった時代です。武田久吉氏に記憶されていた「講中」とは、これも本文で詳しく書きましたが、江戸時代の後期から明治にかけて蛭ヶ岳と塔ノ岳をつなぐ尾根筋を中心に修行を繰り返していた民間の行者のグループです。それも明治時代の半ばにはすたれてしまった様子もわかります。

蛭ガ岳は丸味を帯びた金字塔形で、その形から毘盧帽子に似るからの名だろうなどと推測されたが、恐らく明治の中年頃までこの辺の山中に多く棲んだ山蛭に起因するものかと思われる。三角標石は木立の中に立つが、その南の草附には薬師仏の石像を安置し、山を薬師ガ岳と呼んだのは、信仰登山の人達のしたことである。二体の石仏の中で、丸東講を率いた武州南多摩郡柚木村大沢に住んだ先達、竹内富造老の建立したものは、名作の名に相応しいものであったが、今は亡して見る可くもない。

それにしても、日本の近代登山史を代表する人物の一人武田久吉氏が山岳宗教の歴史と遺物にも目を向けていたことをとても嬉しく思います。江戸時代以前の情報も、大山参り、尊仏山参りと丸東講の活動、塩川滝と八菅山伏の伝承などが記されています。

さて、本書では、武田久吉氏の時代にはもう人々の記憶からほとんど消えてしまっていたさらに古い時代にさかのぼりたいと思います。

二〇二〇年九月

城川 隆生

丹沢・大山・相模の村里と山伏～歴史資料を読みとく　目次

第2章　丹沢・大山の地名と山伏　27

第3章　相模の国峰　39

第１章　山岳修行の始まりと修行者の痕跡

神々しくそびえる大山と修行の始まり

登山道となっている丹沢の尾根道はその多くが歴史的古道です。山中の歴史的古道は、世界遺産になっている紀伊半島の大峯《おおみね》奥駈道《おくがけみち》や熊野古道が有名ですが、決してそれだけではありません。丹沢山地の尾根道も、数百年、所によっては千年以上という歴史を持つ古道かもしれません。

山の尾根道を、歩き、維持管理してきたさまざまな集団の中で、もっとも組織的に活動していたのは八世紀以降の山寺の修行者たちであろうと言われています。その歴史は全国共通でしょう。この文化は、山がちな日本の地形とあいまって、豊かに日本の歴史を彩っています。「紀伊山地の霊場と参詣道」が世界遺産に選ばれたのも、かつては日本全国に残っていた「自然の中を歩く修行」文化が世界的に評価されたのだと思います。

　丹沢山地の中で、まず最初に、修行者が歩き始めたのは大山（一二五二㍍、伊勢原市・秦野市・厚木市）を目指す道だったと考えられます。

　全国的にみて、古代にさかのぼる信仰の山の特徴は、当時の政治・経済・文化の中心地からみて一番神々しくそびえているという事です。人口が多いエリアから見てどの山が神々しいか。相模国の国府が存在したとされている平塚市、国分寺・国分尼寺が建立されていた海老名市から見てどの山が神々しいか。神奈川県最高峰の蛭ヶ岳（一六七三㍍）の存在感を感じることはそこからはできません。

　里から信仰の山を目指した僧たちが清浄な環境で修行するために建立したのが山寺・山岳寺院です。高校の日本史の教科書には、山林修行や山寺・山岳寺院が、あたかも最澄（伝教大師）の比叡山と空海（弘

平塚市北部から見た丹沢山地と大山

法大師）の高野山から始まったように受け取れる説明が見受けられますが、現代の山岳宗教の研究者でそう考えている人はまずいないと思います。現在は考古学の研究が進んでいます。山林修行と山寺は奈良時代以前から存在していました。そして、各地の国分寺に修行の場としての複数の山林寺院が付属していた例も見つかっています。法相宗や三論宗などの奈良時代の南都仏教を学ぶ僧は山の寺で修行を行っていました。その他にも、正式な僧ではない立場で経典や真言・陀羅尼《だらに》（インドのサンスクリット語の呪文）を唱えて呪術的な力を得ようとする仙人のような修行者たちもいました。天台宗と真言宗という平安時代の大きな教団の母胎となった比叡山と高野山が歴史上重要なのは当然ですが、山岳仏教がその時から始まったわけではありません。

山の寺院と修行のベースキャンプ

大山を水源とする川には、東に日向川・玉川、東南に大山川、南に春岳沢、西に藤熊川、北東に唐沢

大山の三つの谷

川があります。そのうち藤熊川・唐沢川はしばらく山中を北に流れて中津川となりますが、日向川、玉川、大山川は相模平野に、春岳沢（金目川）は秦野盆地へと流れ込みます。

　日向川・大山川・春岳沢、この三つの谷の川筋、それを囲む尾根筋に、古代山岳寺院の痕跡を多く見ることができます。いずれも神々しい自然の中へのルート開拓を志した修行者たちのベースキャンプが山寺へと発展したのでしょう。

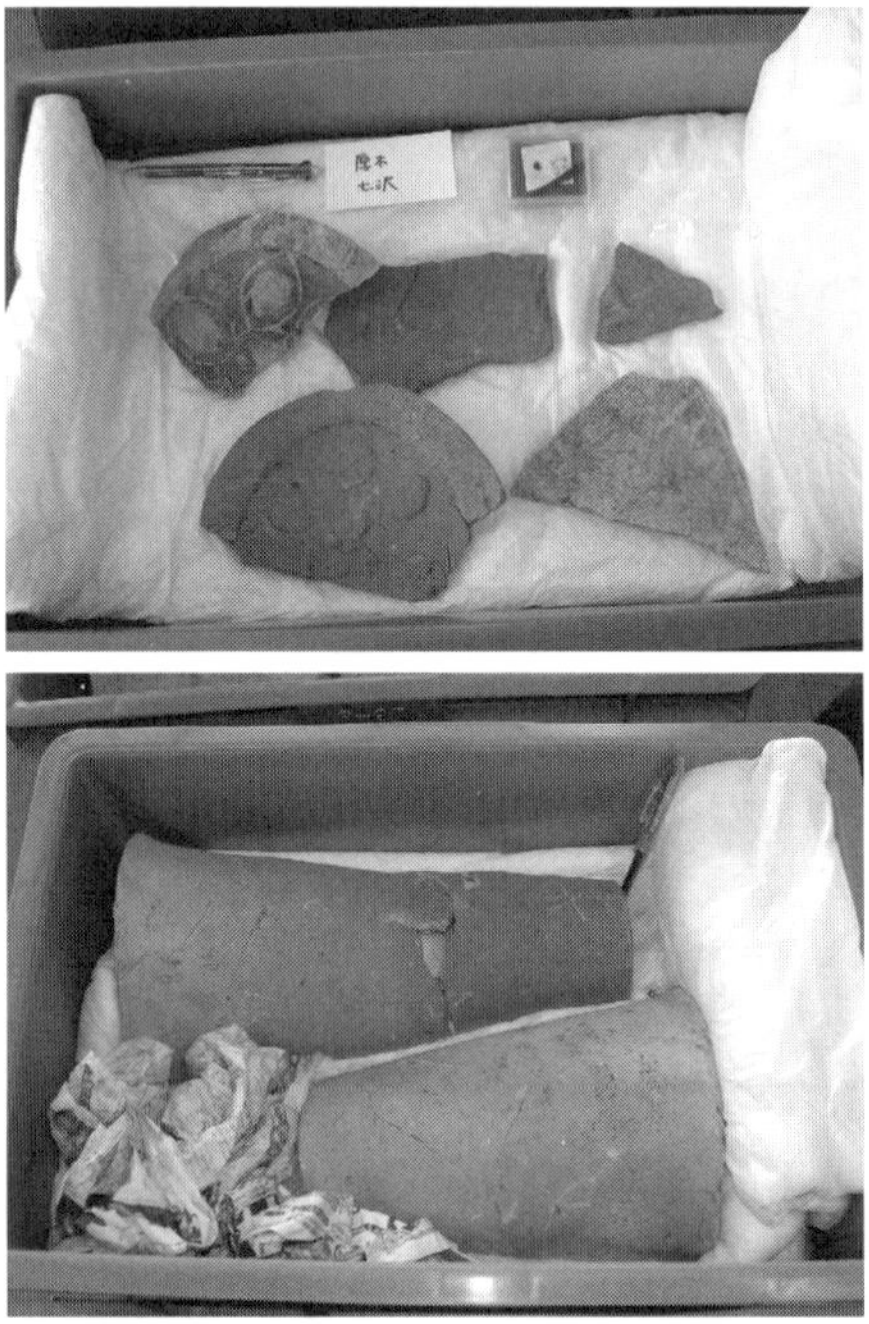

鐘ヶ岳（厚木市七沢）で発見された古代寺院の瓦（神奈川埋蔵文化財センター蔵）

　さらに、日向川と下流で合流する玉川の北側、大山へ尾根が続く山の一つに鐘ヶ岳（五六一メートル、厚木市七沢）があります。この山には、江戸時代のお寺の跡や、幕末から明治時代の富士信仰の石造物が豊富にあります。歴史を感じながら手軽に登れるので人気がある山です。ところが、ここには、江戸時代にはもう忘れ去られていた平安時代以前の山寺の遺跡があります。中腹十七丁目、標高約三〇〇メートル。ここから出土している屋根瓦の立派な事には驚かされます。

大山登拝口に今も続いている日向川の谷の日向薬師（伊勢原市）、春岳沢の谷の蓑毛大日堂（秦野市）、いずれも平安時代以前にさかのぼる古代寺院で、かつては大きな寺院組織を持っていたと考えられます。大山山頂を含んで大山川の谷全体は江戸時代までは大山寺という一山組織です。その開基とされる良弁《ろうべん》（奈良東大寺初代別当）の出自は相模の漆部《ぬりべ》氏ではという学説が有力です（第5章参照）。となると、奈良時代にその起源が求められます。良弁も以前は山で修行する行者であったとも伝えられています。

大山山頂遺跡

現在、大山（一二五二メートル）の阿夫利神社本社がある山頂は、「大山山頂遺跡」という遺跡でもあります。ここで、かつて学術調査団による発掘調査が行われました。団長は、昭和時代の神奈川県に大きな足跡を残した考古学者、赤星直忠氏です。昭和三十四年（一九五九）八月のことでした。しかし、詳細な報告書が作成されることなく時が経ち、発掘担当者の報告は、翌年に出された手書きの「大山調査概報」と、赤星直忠氏が発掘調査結果に分析を加えて語った講演会の記録「大山の話」の二つのみ一般に公開されています。

この遺跡からは、平安時代から江戸時代にかけての多くの仏教的な祭祀遺物に交じって縄文土器のかけらが出土しました。そこから、発掘直後の「大山調査概報」には「少くともこの山頂に最初の足跡をとどめ、記念物をのこしていったのは縄文時代後期の人たちである」と記載されました。ところが、その後、赤星直忠氏は、地層を分析した結果にもとづく全く違う結論を語っています。

「その穴の深いところ、縄文土器片のありましたのと同じ黒土の上から寛永通宝がでてきました。ですから塚の底になっている黒土は江戸時代の地表面だということが証明されるわけです。江戸時代の初めころ山頂に山伏が塚を三つこしらえたことがわかりました。それ以前には平安時代の半ばから終りにかけて山頂の大岩のまわりに経を埋めた甕を埋めたこともわかりました。…（中略）…

断面図を検討しましたところ、真中の塚の底にある黒土というのはもとの山頂の地表面だとわかったんです。地上に土器片をひとかたまりにして置き、周囲を掘った土をその上に盛りあげたものだとわかりました。」

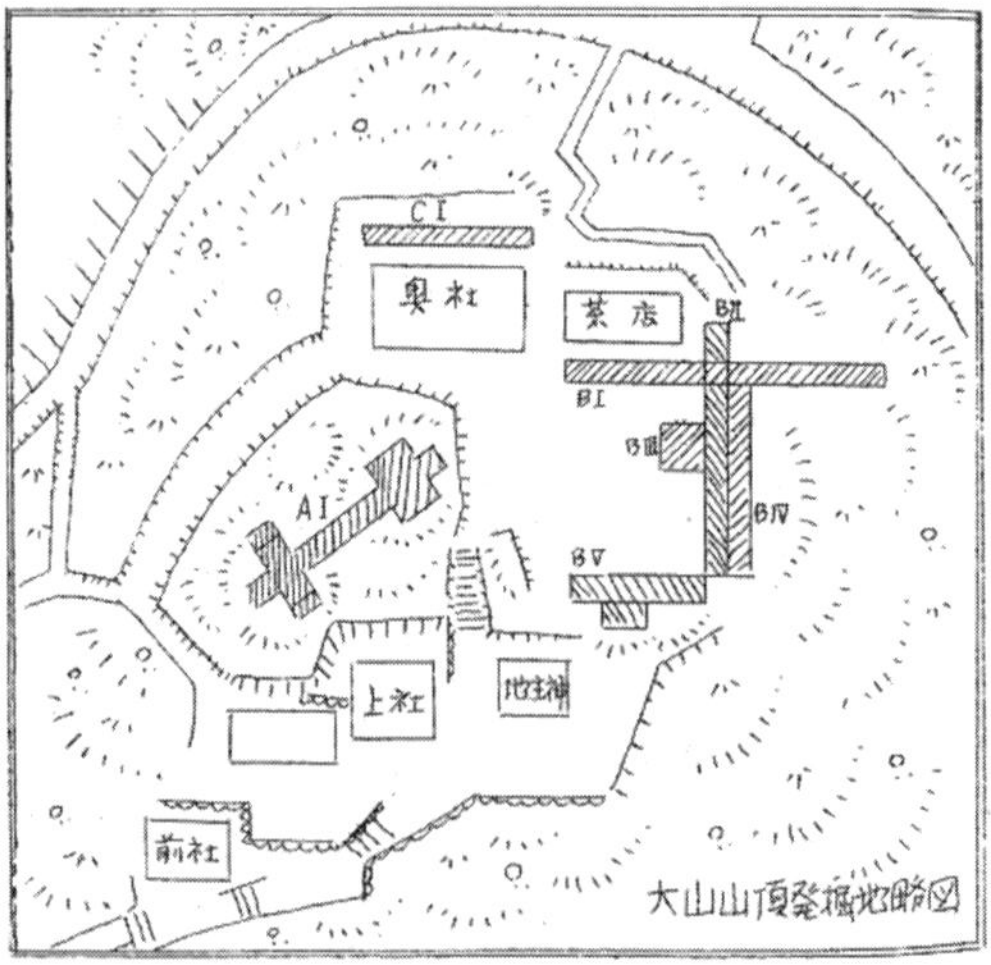

大山山頂発掘地略図（「大山調査概報」）
＊「奥社」はもと「大天狗社」、「地主神」は「徳一宮」、「上社」（本社）は「石尊社」、「前社」は「小天狗社」。

平安時代、仏法がすたれると信じられた末法の世に、未来の救世主である弥勒菩薩の救済を願って、大山山頂に経塚《きょうづか》造営事業を行っていた人々。江戸時代初め、山頂に塚を築き修行を行っていた人々（確かに山伏の可能性はありますが断定はできません）。遺跡の中から昔の人たちの営みが見えてきます。

修行者が納めた中世の石仏

自然界をフィールドに修行する先人たちは、山そのもの、樹木の茂った島、大きな岩、洞窟、見事な滝、大きな樹木、などに神仏が宿っていると見て祈りを捧げます。そこには、仏像も神像も無く、お寺も社も無く、祈りの対象となる自然物だけが存在していました。

やがて、そこに木製のお札や素朴な仏像が納められ、次第に人の手が加わり、修行者に檀越（檀那、スポンサー）が付き始めると、山中の祈りの場がお堂や寺院に発展する所もありました。そこまで大袈裟ではなくとも、木よりも風化しにくい石造物を奉納する例もあります。いわゆる石仏です。全国的に見ても、その多くは江戸時代後期から近代・現代のものですが、中世にさかのぼる石仏が残っている場合もあります。

丹沢では、今までに中世の石造物が二つ確認されています。まず一つ目は、不動ノ峰（一六一四メートル）近くの平場（不動ノ平）にあった不動尊。文化二年（一八〇五）に丹沢を縦走した参詣修行者の一人が目撃して「貞治三年」（一三六四）の銘があると書き残しています。南北朝時代、将軍は足利義詮、鎌倉公方は足利基氏。足利尊氏の息子たちの時代。山伏の山中での活動が盛んだった頃です。この像のことは三廻部（秦野市）観音院（天台宗）の明治時代の縁起にも記録がありますが、それ以降は不明です。因みに、もともと不動ノ平にあって、現在、丹沢山みやま山荘で大切にされている不動尊は後世の明治七年（一八七四）のものです。

もう一つは、行者ヶ岳（一一八〇㍍）の山頂にあった役行者像です。これは戦前に写真撮影もされていて「永禄十三年（一五七〇）、三月十日権大僧都法印大泉坊尭真」という銘を複数の登山者が確認しています。戦国時代、武田信玄の小田原城攻撃と三増合戦のあった翌年の像です。そして、この「大泉坊」とは諸記録に残る日向山伏の有力な一坊に違いありません。しかし、これも盗難にあったようで戦後には行方知れずになっています。

なお、不動ノ平と行者ヶ岳には、現在、東光院（真言宗、山北町）と秦野市山岳協会のご尽力により真新しい線刻石碑が建てられています。

不動ノ平

山伏の碑伝と村人との交流

神奈川県愛甲郡清川村煤ヶ谷《すすがや》は江戸時代は相模国愛甲郡煤ヶ谷村。中世の時代から丹沢山地と深い縁のある場所です。この煤ヶ谷の八幡神社には江戸時代の山伏たちが納めたお札が何枚も保存されていました。この祈祷《きとう》札のことを「碑伝《ひで》」と言います。ただ、残念な事に、平成二十二年（二〇一〇）に神社の建物に侵入した賊によって他の備品とともに破棄されてしまったそうです。

ここに札を納めた山伏たちのグループは二つありました。一つは、八菅山《はすげさん》光勝寺（現在の八菅神社、愛川町）の山伏。もう一つは、日向山霊山寺《りょうぜんじ》（日向薬師、伊勢原市）の山伏。いずれも本山派という天台宗系の宗派の山伏です。霊山寺には真言宗と天台宗の宗教者が両方所属していました。昔の大きな寺社では複数の宗派が混在していることはけっして珍しくありません。この八幡神社も

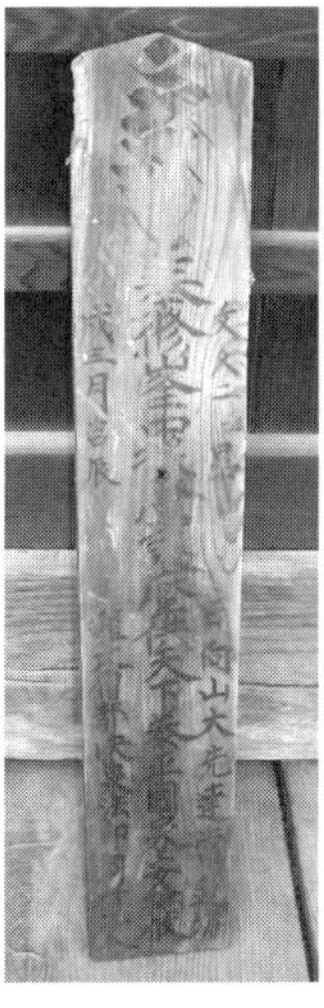

↑清川村煤ヶ谷の八幡神社に納められていた碑伝と護摩札
←日向山伏の碑伝。右下に記される常連坊には『峯中記略扣』も伝来していた

江戸時代までは真言宗の僧侶が別当《べっとう》（責任者・長官）として祭祀を行っていました。

このお札には、ここで、山伏たちが採灯護摩《さいとうごま》（屋外で火をたく儀式）を行って「天下泰平」や「国家安穏」、そして「村内安全」を祈願していたことが記されています。その日付はどれも三月。山伏が最も重視していた峰入り修行の一貫として、ここで儀式が行われていたのです。旧暦の三月は今の暦ではだいたい四月にあたります。森が芽吹き始める新緑の頃、丹沢の尾根道を移動ルートに修行を積んできた山伏が「ポオオ〜」と法螺貝を吹き鳴らし村に下りて来たのです。山伏と村人たちとの交流の歴史をこのお札の数々は教えてくれます。そして、その交流は中世の時代にまでさかのぼります。

山伏の峰入りを記録する石造物

中世の八菅山光勝寺の山伏が、入峰《にゅうぶ》（峰入り）の時に煤ヶ谷を歩いていたことは、天文十五年（一五四六）の修行次第書『神分諸次第』のルート記載からみて間違いありません。

これは戦国時代の記録ですが、このルートを使った八菅山伏の峰入りは、江戸時代を通じて受け継がれ途切れることなく続けられました。八菅山伏の祈祷札（碑伝）は、やはり煤ヶ谷の正住寺（臨済宗）にも保管されています。この修行が最後に行われたのは明治四年（一八七一）です。参加者は十一名。全盛期の半分の人数です。

一方、日向山霊山寺の山伏の峰入りルートは、古い記録が火災等で失われているため、中世の頃のことはよくわかっていません。ただ、八菅山伏のようにその後も戦国時代以前の修行の形をある程度は守っていたと考えられるので、江戸時代の記録が参考になります。

日向山伏が、峰入りの帰途などに儀式を行ったと思われる場所が厚木市七沢で確認されています。そこに立派な石造物が残されていました。平成十五年（二〇〇三）に厚木市「石造物に親しむ会」の皆さんが地中からそれを発見したのです。二つに割れていますが、合わせれば高さ一《メートル》二〇《センチ》を超える大きさです。そこには、日向山霊山寺で信仰されていた「七所大権現」と、摩耗していて「三」か「五」か読み取りにくいのですがおそらく熊野「三所大権現」が不動明王の梵字カンマンの左右に記されていました。七所権現（または七社権現）とは山伏が信仰する熊野・吉野金峰山・白山・箱根などの七つの霊山の神々をセットにして祭るものです。「大泉院」「能光坊」「大蔵坊」「西蔵坊」「智大坊」「理圓坊」「常蓮坊」「圓光坊」「林泉房」それぞれの山伏の名前も記されています。しかも各山伏の峰入り回数まで

発見された石造碑伝
（現在は、あつぎ郷土博物館蔵）

書いてあります。多い人で「九度」、少ない人で「三度」です。

この中で日向山の記録と合わない院坊名が二つあります。まず筆頭の「大泉院」は「大泉坊」だったはずです。実は煤ヶ谷で発見された碑伝にも「大泉院」と書いてありました。大泉坊は日向山伏のリーダーとして格上であることを表現したかったのだと思います。それに、各山伏とも「大先達」「権大僧都」「権小僧都」「権律師」などの山伏としての位《くらい》が記されていますが、これも全国で通用するものではなく日向山内で慣習的に任じていたと考えられます。この位を任命する側の本山には八菅山に対しての文書は残っていますが、日向山に対してはありません。

記録にないもう一つの「林泉房」はまだ峰入り修行を経験していない山伏のようです。大泉坊の子弟かもしれません。一人だけ「坊」ではなく「房」です。ちなみに、山伏の世界では、初めての修行者を「新客」と呼びます。この「しんきゃく」という言葉は現代の修験道教団でも一般に使用されていますが、不思議なことに八菅山の山伏が残した江戸時代の公式記録『相州八菅山書上』には、わざわざ「しんやく」とフリガナがふってあります。八菅山の独自性を言葉を変えることで主張していたのかもしれません。

第2章　丹沢・大山の地名と山伏

中世の丹沢縦走記録

鎌倉時代の末、幕府高官に長井貞秀という人物がいました。横浜の金沢文庫にある称名寺長老（律宗寺院の最高責任者・長官）に送った手紙の中で『大山縁起』を借りることを記しています。『大山縁起』は大山の起源・由来を書き記した霊験譚《たん》です。時代は十四世紀ですから、まだ大山参り大流行の時代ではありません。江戸庶民の大山参り・大山詣はまだ四百年以上のちの世の事件です。この『大山縁起』は漢文で書かれた「真名本《まなぼん》」と考えられています。江戸時代の人々が見た『大山寺縁起絵巻』の原典のようなものです。

そして、この『大山縁起』真名本の中には丹沢の縦走ルートが書かれています。これは、大山を管理していた一山組織「大山寺」の中にたくさんの山伏がいた証拠ではないでしょうか。

山伏は尾根道を縦走しながら修行するのです。

　良弁（「上人《しょうにん》」）にたとえられた修行者は、大山山頂「本宮」「石尊権現《せきそんごんげん》」（江戸時代以前の大山山頂の神名）を出ると、「妙法嶽」（大山三峰）を右手に大山北尾根を進みます。一旦、西に下った後、大山山頂から見て高く神々しい山なみ丹沢表尾根から蛭ヶ岳への尾根道を目指し、「祖母山」（塔ノ岳か）、「大日嶽」、「不動窟」（不動ノ峰か）、「十羅刹《じゅうらせつ》塚」（鬼ヶ岩か）、「烏瑟《うしつ》嶽」（蛭ヶ岳か）と縦走して行ったのだと思います。大山を遥拝《ようはい》しながら移動することができる回峰コースです。目視して拝み、祈りを捧げることは修行の中でとても大事な要素です。ただし蛭ヶ岳からは大山を展望できません。修行ルートの記述はさらに遠く離れた仏果山・経ヶ岳・華厳山の東麓（愛川町）にまで及んでいます。

江戸時代までの大山山頂の神名「石尊大権現」と眷属の「大天狗」「小天狗」を刻む山頂の狛犬の台座

縁起が語る中世の地名と「塩川の谷」

仏果山（七四七メートル）・経ヶ岳（六三三メートル）の東麓に愛川町の観光名所「塩川滝」があります。ここが八菅山伏の修行場だった事はよく知られています。ところが、昔の大山寺（伊勢原市）『大山縁起』真名本にもここが詳細に記されていました。

この滝周辺の修行場を昔は現地で管理していたらしい清瀧寺（廃寺）というお寺に、このあたりの地形を細かく説明する縁起が残されていました（第5章参照）。そこには、「塩竈之滝」（塩川滝）、「金剛滝」、「胎蔵界之滝」、「明王嶽」（仏果山）、「法華方《ほっけぼう》」（経ヶ岳）、「異石」（経石）、「華厳般若之峰」（経ヶ岳〜華厳山）など、このお寺の周辺の地形が聖域として説明されています。お寺の起源・由来を記す縁起には、その場所がどんなにありがたいパワースポットなのかを読者や説法を聞いている聴衆に語りかける様な内容が付きもので

胎蔵界滝

金剛滝

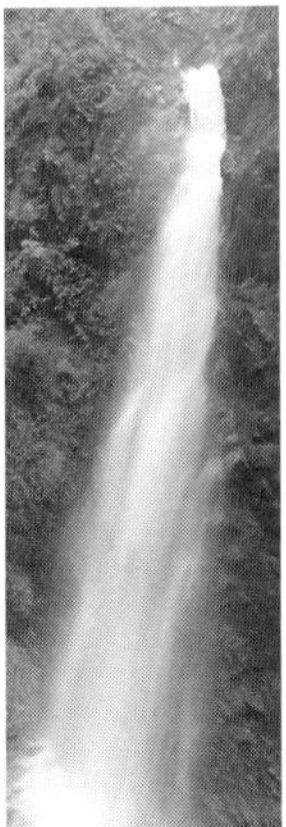

塩川滝

（愛川町田代・半原）

す。

あろうことか、この地形説明文は『大山縁起』の中にほぼ同文があります。「両部滝」、「金剛界滝」、「胎蔵滝」、「法華方」、「異石」、「華厳般若之峰」…。文字に多少の違いはありますが、全く同じ場所を説明しています。

さて、塩川滝の他にも滝がありそうです。そこで、荒れた沢をさかのぼって探してみました。すると大きな滝が二つみつかりました。しかも地元ではそれらの滝が「金剛滝」「胎蔵界滝」と呼ばれていた事も知りました。水量が少ないのは、すぐ上流の林道の影響でしょう。

経ヶ岳山中の「法華峰」林道をなぜ「ほっけのみね」ではなく今でも「ほっけぼう」と読んでいるのかもわかります。中世の地名が昔の資料からよみがえってきます。

決まっていた登山口と下山口

山はどこから登っても良いではないかと、今の登山者ならば考えるでしょう。ところが、山伏のような修行登山隊には、決まった登山口、歩くコースと修行場の順番、そして決まった下山口が大事です。なぜならば、登山口では、定められた儀式で身を清め、いろいろな作法・真言の伝授や習得、断食の修行などを何日間もこもって行う必要がありますし、各修行場に祭られている神仏への祈りもマンダラの絵の中をすごろくのあがりを目指して移動するように順番が必要です。これは自然の中で行う巡礼（順礼）修行です。

紀伊半島の大峰山地では今でも山伏の修行が盛んに行われていますが、その山岳ルートへの出入り口は千年前から現在まで変わることなく、北は吉野（奈良県）、南は熊野（和歌山県）です。紀伊半島のもう一つの修行コース葛城山地でも、入口は西に突き出た友ヶ島（和歌山県和歌山市）、出口は亀の瀬（大阪府柏原市）でした。その修行コースは山伏が所属している寺社や宗派にかかわらず共有されるのです。

大山山伏と八菅山伏にとって、塩川の谷（愛川町）は峰入り修行中の丹沢山岳ルートへの出入り口だったのでしょう。もう一つの出入り口が大山だったことは間違いありません。

神奈川県では、昔の山伏の修行の事はもうあまりわからなくなっています。大山は、

熊野本宮大斎原《おおゆのはら》と大峰の山々（和歌山県田辺市）

江戸時代はじめに幕府の命令で真言宗以外の僧侶や山伏は下山させられました。やがて大山の山伏集団は勢いを失い数も減って中世以前の修行の記憶は失われました。江戸時代に活動していた八菅山や日向山をはじめ、山麓の山伏たちに対しても、明治五年（一八七二）に明治新政府から「修験道《しゅげんどう》廃止令」が出され、丹沢周辺の山伏の歴史は一旦途絶えることになりました。

蛭ヶ岳の山名いろいろ

江戸時代以前、神奈川県最高峰「蛭ヶ岳」（一六七三メートル）を「ひるがたけ」と呼んでいたのは誰でしょうか。少なくとも山伏をはじめ山岳修行者がそう呼んでいた形跡はありません。まず、中世の『大山縁起』では「烏瑟《うしつ》嶽」（うしつは仏の頭頂部のこと）が蛭ヶ岳を指しているのではないかと思います。

日向山伏が書き残した『峯中記略扣』（江戸時代）の中では「釈迦ガ嶽」と記されています。

江戸時代後期、山伏とは別に、一般庶民の登拝講のような修行集団も現われてきます。

鬼ヶ岩から蛭ヶ岳を望む

丹沢ではもちろん大山参りが有名ですが、秦野から登って塔ノ岳～蛭ヶ岳という縦走ルートを修行する登拝講もあったようです。その中で、大山の御師《おし》（宿泊も提供する宗教的ガイド）がこのルートを大倉（秦野市）の案内人に連れられ歩いた事を『黒尊仏山方之事』という記録に書き残しています（第８章参照）。そこでは、蛭ヶ岳は「薬師嶽」。秦野の三廻部にある観音院の縁起でも「薬師ノ嶽」です。確かに蛭ヶ岳には薬師如来の石像が祭られていたそうです。

では、「蛭ヶ岳」とは誰が呼び始めたのでしょう。それは、江戸幕府の地誌『新編相模国風土記稿』「鳥屋村」の項が参考になります。「蛭岳、一ニ毘盧岳ニ作ル。県（津久井県）中第一ノ峻岳ナリ」。この地誌は村々に役人が取材してそれをもとに記録されています。鳥屋（相模原市緑区）の人々は確実に「ひるがたけ」と呼び、「蛭」ではあまり印象が良くないので村の和尚さんあたりが華厳経または大日経の「毘盧舎（遮）那仏」から「毘盧」という字を当ててみたりもしたのではないでしょうか。もちろん、蛭ヶ岳に毘盧舎那仏が祭られていた形跡も全くありません。それよりも「毘盧帽子」に似ているからという説には興味をそそられます。孫悟空のお師匠さん三蔵法師が被っていたあの毘盧帽は仏像の宝冠に由来すると思うのですが、丹沢最高峰で仏さまの頭頂部と考えると『大山縁起』と重なるような気がします。不本意ながら、絶対答えの出せない問題に首を突っ込んでしまいました。

「丹沢」という地名

明治二十一年（一八八八）に測量された大日本帝国陸軍陸地測量部（国土地理院の前身）二万分の一地形図『蛭嶽』には一五六七メートルの三角点とともに「丹沢山」の山名が記載されています。これは県西北部に広がる山地全体を「丹沢」と呼び始めるきっかけになった一つの出来事でしょう。公式の地形図に採用された地名の持つインパクトです。

江戸時代、「丹沢」という地名が指していたのは「丹沢山御林《たんざわやまおはやし》」です。御林とは幕府や藩の殿様が管理する保護林・占有林のことです。神奈川県内の各所にあった御林の中では幕府直轄の木材供給林「丹沢山」が特に広かったのでよく知られています。その範囲は、現在の宮ヶ瀬湖（清川村）に流れ込む中津川水系の谷筋・尾根筋です。江戸時代の人々にとって「丹沢」とは現在の清川村西半分と秦野市丹沢寺山の山林のことでした。

丹沢の周辺は中世の頃からの木材供給地でした。鎌倉時代には、執権《しっけん》北条貞時の十三年忌に「鳥屋山」（相模原市緑区）や「屋形山」（愛川町館山）から円覚寺（鎌倉市）に材木が調達されました。後の小田原北条氏も煤ヶ谷（清川村）を材木の供給拠点としました。しかし、当時「丹沢」という広域地名が使われていたかは不明です。

ところで、山岳修行者は一五六七メートルの「丹沢山」を何と呼んでいたのでしょう。日向山霊山寺（伊勢原市）の山伏は「弥陀ガ原」と呼んでいました。白山（石川県）・立山（富山県）・月山（山形県）など全国霊山の高層湿原と共通する地名です。中世、諸国を巡る多くの山伏がいたことは確かです。共通する地名は彼らのネットワークの存在を感じさせます。

『峯中記略扣』と丹沢の山名

昭和三十八年（一九六三）に日向山霊山寺（伊勢原市）の山伏の末裔のお宅から『峯中記略扣《ぶちゅうきりゃくひかえ》』という江戸時代の峰入り修行の覚書が発見されました。当時の神奈川新聞にも大きく取り上げられ、登山ブームに沸く昭和時代の丹沢の山名の多くが日向山伏が使っていた山名に由来していることがわかりました。「問答口」（門戸口）「烏ケ尾」（烏尾山）「役行者」（行者ケ岳）「大日如来」（木ノ又大日）「塔ノ峰」（塔ノ岳）「龍ガ馬場」（竜ケ馬場）「不動尊」（不動ノ峰）が

川　新　聞　昭和38年1月18日（金曜日）

丹沢は山伏が切り開いた

地名の由来もわかる

伊勢原町の小沢氏　修験コース記録発見

日向山伏の修験コース

海老名町を視察

農林省農業構造改善事業班

“星空へのつどい”

青少年センター

『峯中記略扣』の発見を報じる神奈川新聞

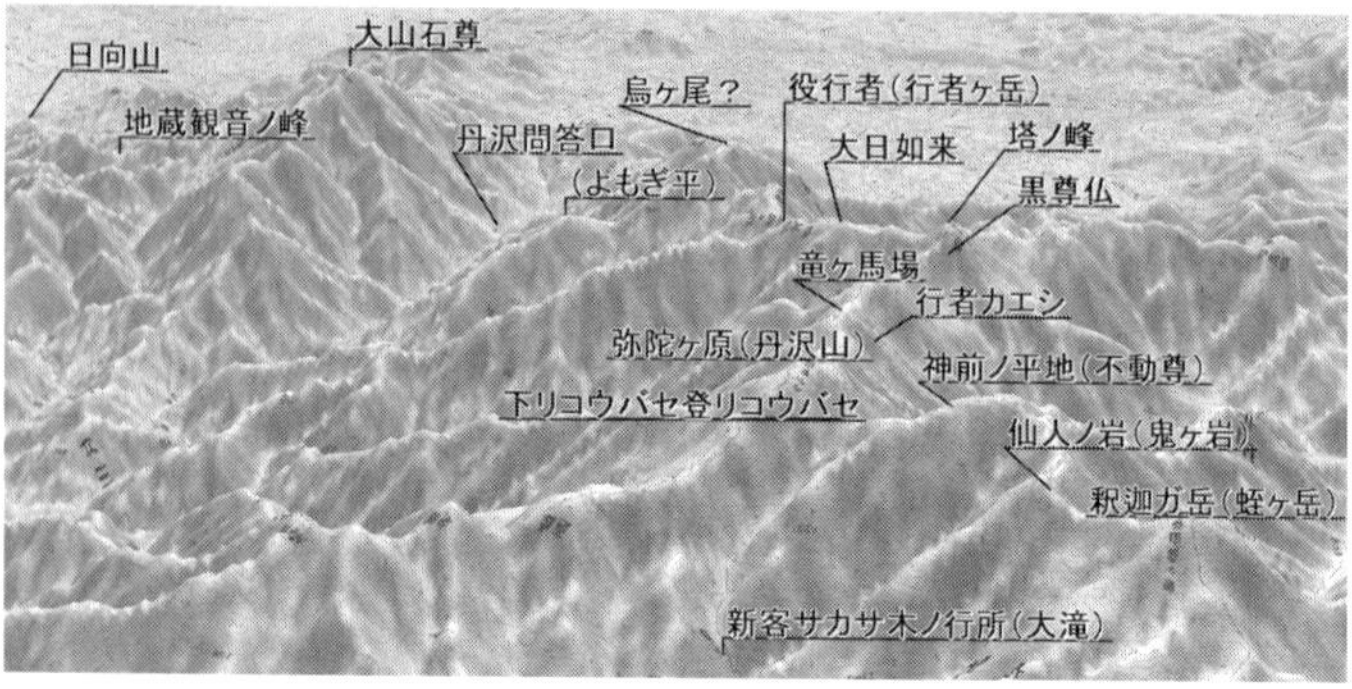

日向山伏の行場（青根上空3800メートルから）

それです。

この『峯中記略扣』には、すでにご紹介した「弥陀ガ原」など、明治以降は使われなくなった地名も出て来ます。竜ヶ馬場の西側斜面の岸壁「行者カエシ」、丹沢山から不動ノ峰へ向かう途中の鞍部に明治時代までは通じていた早戸大滝への道「コウバセ」、そして「釈迦ガ嶽」（蛭ヶ岳）。いずれも紀伊半島大峰奥駈道の行場地名がその景観の似ている所に写され命名されていました。役行者も一度は引き返したという行者還岳《ぎょうじゃがえし》の険しい南壁と弥山《みせん》へ登る聖宝《しょうぼう》八丁と呼ばれる急坂の取りつき講婆世《コウバセ》宿（奈良県天川村）、前鬼と深仙《じんぜん》という修行拠点に隣接してそびえる釈迦ヶ岳（奈良県十津川村・下北山村）、やはり、いずれも山伏の修行ネットワークがあって命名されたことが明らかです。また、「烏ケ尾」は、当時は三ノ塔を指していたようですが、「烏二羽ニ而送候故烏ケ尾也」とあります。この烏は行者たちを守る熊野権現の使いのイメージでしょう。熊野の神札（牛王宝印）は神の使いである烏の絵文字です。

日向山伏の峰入りは、厚木市七沢の尾根筋から登り始め尾根伝いに大山山頂、藤熊川の谷に一旦下りてから表尾根に登り直し塔ノ岳さらに蛭ヶ岳、最後は津久井の青根に下るという抖擻《とそう》（歩く修行）コースが基本です。ただし、山伏にとって、歩くこと、山を駈けることは修行の一部でしかありません。古くは、仏教的な死後の世界観、地獄（究極の苦しみ）・餓鬼（飢え）・畜生（動物）・修羅（争い）・人間・天（神）の六道を自然の中で模擬体験しながら一度死んで生まれ変わるという祈りと再生の儀礼でした。

修行の中で神仏の力を身につけ里に下った山伏は、ありがたい存在へと変身しているのです。「ポオオ～」と法螺貝を吹き鳴らしながら村々を巡ります。採灯護摩をたき、碑伝を納め、地域のため国家のために祈願をします。そして、実は江戸時代の山伏にとって檀那《だんな》回りは貴重な収入源となる仕事でもありました。

第3章　相模の国峰

丹沢最古の修行登山隊

江戸時代に丹沢の尾根道を歩いていた山伏の個人名は、八菅山伏や日向山伏の残した遺物の中からいくつでも見つかります。しかし、中世の古い時代の修行グループの個人名を見つけることは難しいです。

ただ、八菅神社には、鎌倉時代の正応四年（一二九一）、メンバー三人の名前を記す高さ三六八センチの巨大な碑伝《ひで》が伝わっています。現在では文字の読み取りはほとんど不可能ですが、その碑文の内容は昔から大切に伝えられています（『相州八菅山書上』）。

　秋峰者松田僧正

先達小野餘流両山四國邊路斗藪余伽三密行人金剛佛子阿闍梨長喜八度

唵　正應四年辛卯九月七日
小野滝山千日籠熊野本宮長床竹重寺別當生年八十一法印権大僧都顯秀初度　以上三人

一人目は松田僧正、この修行者の詳細は不明です。二人目は長喜、そのプロフィールから真言密教の行者であることがわかります。「余伽」とは現代社会でブームになっているヨガのことですがフィットネスではなく本来の瞑想修行を意味しています。大峰・葛城・四国辺路《へじ》修行の経験者、しかもここで修行をするのは八回目。四国辺路というのは後世のお遍路《へんろ》さんの原形になった四国海岸沿いを巡り歩く修行です。

三人目は顯秀。熊野本宮（和歌山県田辺市）から初めてやって来ました。肩書きは「長床《ながとこ》」衆、那智滝千日籠修行の経験者、しかも八十一歳。「熊野本宮長床」衆は平安〜鎌倉時代の全国の山伏の頂点に立つ集団。長床とは熊野本宮にあった横長

福島県喜多方市の新宮熊野神社の長床。熊野では消滅した長床だが、影響を受けた東北には現存する

の建物です。その建物を拠点とする山伏たちは　長床衆と呼ばれ現代に伝わる修験道の教義や儀式に多大な影響を与えました。長床衆の当時の記録『山伏帳』の役職名簿の中には確かに「顕秀　大瀧房法印　執行」とあります。

彼らの修行コースまではわかりませんが、熊野からやって来た大物老山伏とおそらくそれを案内する二人で構成される丹沢最古の修行登山隊の記録。これはまた、中世の山伏の全国的なネットワークを示す碑伝でもあります。

地元の修行「国峰」

八菅山伏は丹沢での入峰修行を「国峰《こくぶ》」（くにのみね）と呼んでいました。国峰とは、大峰に対する地方版という意味と、本山公認の修行という意味があります。

豊臣秀吉が朝鮮半島へ二度目の侵略戦争（慶長の役）を行っていた頃、八菅山の東向房（のちに東向院）祐恵という山伏は五十三歳の当時、大峰も国峰も両方とも十八度の修行を果たし

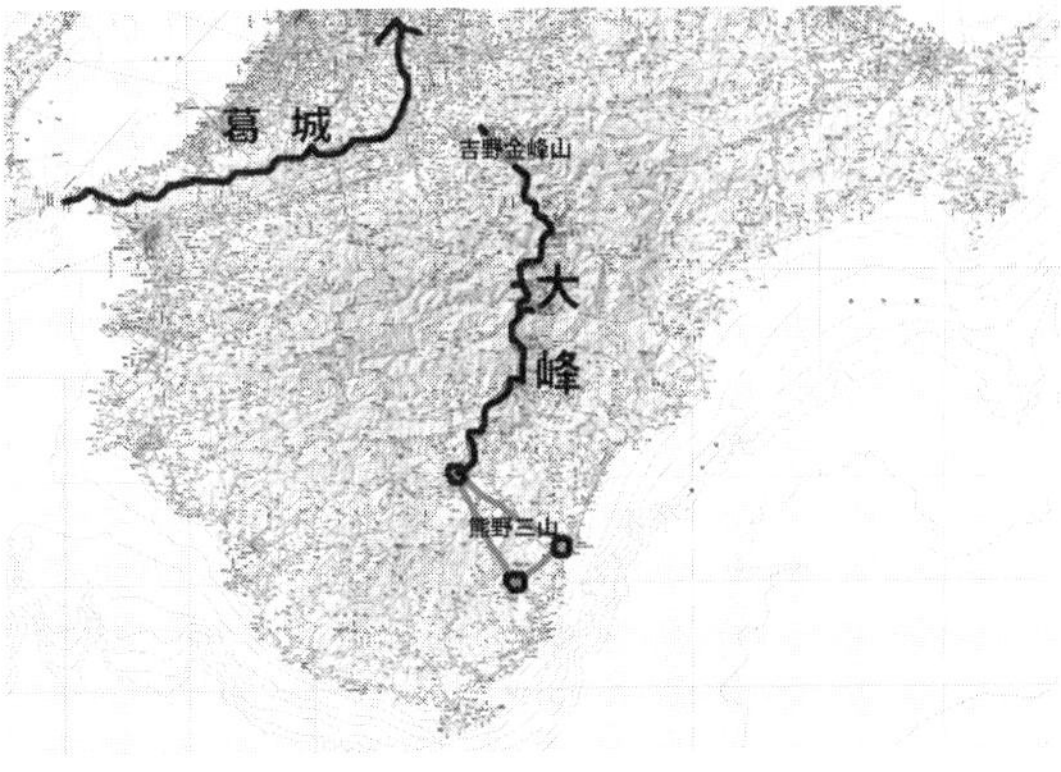

大峰（奈良県・和歌山県）と葛城（大阪府・奈良県・和歌山県）

たと書き残しています。慶長二年（一五九七）のことです。この国峰修行が後の江戸時代とほぼ同じコースだったのは確かですが、果たして当時の相模の国峰修行がこのコースだけを指していたのかは疑問があります。大山寺や日向霊山寺にもたくさんの山伏がいて、大山を入峰修行山域の共有の出入り口としてはいましたが、それぞれのコースには独自性もあります。おそらく大山を中心に丹沢山地の広い空間と峰入りの儀式作法の全体を国峰と呼んでいたのではないでしょうか。

　さて、江戸時代になると八菅山光勝寺は聖護院《しょうごいん》（京都府）の直末寺院となります。その聖護院門跡《もんぜき》は皇族または摂関家出身の山伏で、全国の本山派修験《しゅげん》を統括し、また天台宗寺門派の最高位の僧侶として園城寺（三井寺、滋賀県）も管轄していました。つまり、八菅山伏は高貴な門跡とコミュニケーション可能な立場にありました（第9章参照）。

聖護院（京都府左京区）。聖護院周辺からはその名を冠した野菜やお菓子も生まれている

　山伏の位階は所属にかかわらず本山公認の入峰修行回数によって上がります。八菅山伏も聖護院公認の大峰（奈良県・和歌山県）と葛城（和歌山県・大阪府）に何ヶ月もかけて時々出か

けています。ただ、地元に国峰を持つ山伏集団にはメリットがありました。江戸時代後期の記録からは、国峰を九度修行した山伏が大峰修行をこなした山伏と同じ昇進を果たしています。八菅山伏はプライドを持って修行していたはずです。

八菅山伏の入峰修行は五週間。祭礼を含め四週間に及ぶ堂内・屋外での修行の後、八菅山から中津川沿いを塩川の谷、登って経ヶ岳（六三三メートル）、煤ヶ谷、大山三峰（九三四・六メートル）、七沢まで下り大山山頂（一二五二メートル）、最後は大山寺不動堂（現在の下社の場所）。滝と抖擻《とそう》（歩く修行）ルートが交互に現われるコースです。

キャンプ場五〇〇年の歴史

厚木市七沢の谷太郎川と大沢川に挟まれた尾根上標高六二〇メートル位の所に「すりばち広場」と名付けられた窪地があります。今は登山者たちに「弁天御髪尾根」とも呼ばれる尾根上です。登山者の増加とともに山の中には新しい地名も増えています。地元の伝承地名では、この広場の奥は「ナバタケ」、凹みの部分が「ヌマノカヤノ」、尾根上は「トーミノクチ」です。

昔は、ヌマノカヤノは沼になりやすく茅が取れ出荷していたそうです。トーミノクチは昔から風通しと展望が良い所です。多くの人が利用していたことが地名からも伺われます。明治時代のはじめまでは行者の庵《いおり》もあったと伝承されています。

実は、山中のこの場所は中世にさかのぼる山伏のキャンプ場です。山岳修行者のキャンプ場のことを「宿《しゅく》」と言います。丹沢にたくさんあったであろう宿の中で、文献上も地形的にもはっきり特定できる場所はそう多くありません。ここは、八菅山伏の天文十五年（一五四六）の

「空鉢嶽 尾高宿」の跡地

平安時代の資料にも記されている大峰第三十八行所の深仙宿（奈良県下北山村）。現在も深仙灌頂という修験道の重要な儀式が行われる

修行次第書に「廿七　空鉢　天童　尾高」と明記されている第二十七番行所《ぎょうしょ》（儀式を行う場所）「尾高宿」です。つまり、数百年に及ぶキャンプ場の跡地。そして、この場所は日向山伏にとっても行所でした。江戸時代の日向山伏はこの尾根を「地蔵観音の峰」と呼んでいます。

中世の山伏たちは、このような宿に何泊もしながら近隣の滝や岩屋への修行に出かけました。日当たりが良く水を得やすい平坦地。キャンプ場の好条件は今も昔も変わりません。

全国の山伏が修行で利用した紀伊半島大峰の第六十六行所小篠《おざさ》宿（奈良県天川村）は標高一六〇〇㍍の山中ですが本堂や護摩壇を含め最盛期には五十近くの宿坊が立ち並んでいました。明治の修験道廃止令以降、宿坊はすべて無くなりましたが、その跡地を眺めるだけでも独特な雰囲気を感じます。宿にはこのように宿泊したり修行する施設を備えることが普通でした。ただし、人が普段入らない山中での施設の維持管理は大変です。江戸時代後期の八菅山伏は、峰入り修行の宿のほとんどがすでに無くなってしまっていたことを正直に本山聖護院と幕府の役人に報告しています。

山伏の祭り「神木のぼり」

山伏が行っていた儀式の中には、現在でもお寺や神社の祭礼として大切に続けられているものがあります。たとえば、日向薬師の春の例大祭で行われている「神木《しぎ》のぼり」がもとは山伏の修行の一環としての行事だったことはよく知られています。この大きな木を立て山伏がよじ登って上で祈祷を行う儀式は、中世の頃には広く行われていたと考えられます。江戸時代に入っても、「神木の神事」「神木山伏」などのキーワードで丹沢周辺の山伏の修行プログラムの中を探してみると、たくさん見つけ出せます。

八菅で行われていた「神木の神事」は詳細な次第も残っていて、毎年二月十七日神木立、二十日「神木先達」が木に登って秘法修行を行いました。大山でもまだ山伏の活動が活発だっ

日向薬師の神木のぼり

た江戸時代はじめの「二月神事」に「神木山伏」。伊豆半島を時計回りに入峰していた伊豆山（静岡県熱海市、伊豆山神社、もと走湯権現・伊豆山権現）には「神木山伏」がいて「神木結立」「柴木之祭礼」を江戸時代の終わりまで行っていました。修行の詳細が不明の箱根（箱根神社、もと箱根権現）でも山伏の「神木登」が行われていました。また、芦ノ湖水上で行われる龍神の祭りも江戸時代の随筆『甲子夜話』に「山伏船に乗りて水上におし出し、強飯を沢山持行き、…」と記されているように山伏の祭りだったようです。富士山を修行場にしていた村山の山伏（静岡県富士宮市、村山浅間神社、もと興法寺）は「真木登」「真木之御祭礼」です。円楽寺（山梨県甲府市）では「真木伐」「真截」「シンキリ」。ただ、以上は神仏分離と修験道廃止を経て担い手の山伏もいなくなり変質するか失われてしまった儀式です。

この祭礼の古い形を見たい方には、現在も行われている大善寺「藤切《ふじきり》」（山梨県勝沼市）をお勧めいたします。

八菅の国峰と祭礼修行

八菅山伏の修行内容を今に伝える記録として、『相州八菅山書上《そうしゅうはすげさんかきあげ》』という、幕府に提出された報告書が国立公文書館に現存しています。文政九年（一八二六）、八菅山光勝寺が当時『新編相模国風土記稿』を編纂していた幕府の地誌調所《ちししらべしょ》に提出しました。この中の項目「国峰修行」には、二月十五日に始まり三月二十五日に終わる国峰修行のスケジュールに沿って、どんな修行を行っているかが記されています。

最初の一週間は祭礼修行です。まずは手作りのお神酒の準備から始まります。これは最終日までいつでも振舞えるように用意します。祭礼修行のクライマックスは光勝寺の本堂前で二月二十日に行われた神木立です。お寺だった時代は、現在の八菅神社の神楽殿と駐車場のあたりに約九《メートル》四方の本堂が建っていました。本尊は無量寿（阿弥陀）如来で、他に薬師如来と聖観音菩薩、大日如来を中心に五体の如来が円鏡に浮かび上がる御正体《みしょうたい》（懸仏）が安置されていました。

大善寺（山梨県勝沼市）の藤切

本堂前に立ち上げられる神木のサイズは「三丈余りで廻り六尺」、つまり高さ九メートルほどの太い大木です。そこに小木と小柴が大量に結び付けられます。周りからは枝と葉が茂った木のように見えたことでしょう。そして、神木の秘法を担当する山伏がこれに登り、手で様々な印を結びながら真言を唱え、天下泰平・国土安全をはじめとする諸願の成就を祈ります。この時、神木の上ではこのような秘歌も歌われていました。「何事モ思ハヌ山ノ心木《しぎ》（神木）ニコソ阿耨菩提ノ花ゾ咲ケリ」。阿耨菩提《あのくぼだい》とは、インドのサンスクリット語の「アヌッタラー（無上の）・サムヤク（正しい、完全な）・サンボーディ（悟り）」の省略形です。

採灯護摩

国峰修行の二月二十日・二十一日の二日間は、参詣人が群れ集まり、商人の出店も開かれ賑わっていたそうです。まさにお祭りです。魔除けの菅笠（頭に被る編み笠）なども売られていたと言われています。神木に登った山伏の自宅の院坊では翌日にお神酒を供えて盃《さかずき》の儀式がありました。

その後、この国峰修行ではじめての採灯護摩《さいとうごま》（屋外で火をたく儀式）が行われます。場所は祖師堂の前です。祖師堂は本堂の左、現在の駐車場のあたりにあった約四メートル半四方の建物で、修験道の開祖、八菅山の開基として信仰されていた役行者《えんのぎょうじゃ》が本尊です。他に賓頭盧尊者《びんずるそんじゃ》、金剛界大日如来・胎蔵界大日如来も安置されていました。役行者像と賓頭盧尊者像は今でも宝物館で拝観することができます。この祖師堂の前に常設の護摩壇がありました。この採灯護摩の日は参詣者がたくさんいた訳ですから、現在の八菅神社の祭礼のように参詣者を交えた火渡りの儀式が行われていたかもしれません。ただ、護摩壇は一般に平らではなく、残念ながら当時の詳細はわかりません。

さて、二月三十日になるといよいよ峰入り修行が始まります。ここからは七社権現社への長い階段を登り山上の権現社の境内です。拝殿（現在は跡地のみ）から上は、当時は一般人の入れない聖域です。そして、権現社の右下の平場に不動明王を本尊とする国峰灌頂《かんじょう》堂がありました。タテ七間・ヨコ四間なので、十二㍍×七㍍を超える大きな建物です。ここに経験の浅い山伏から順番に日を変えて合宿生活に入ります。籠って習得しこなさなければならない秘法や荒行が山ほどあったの

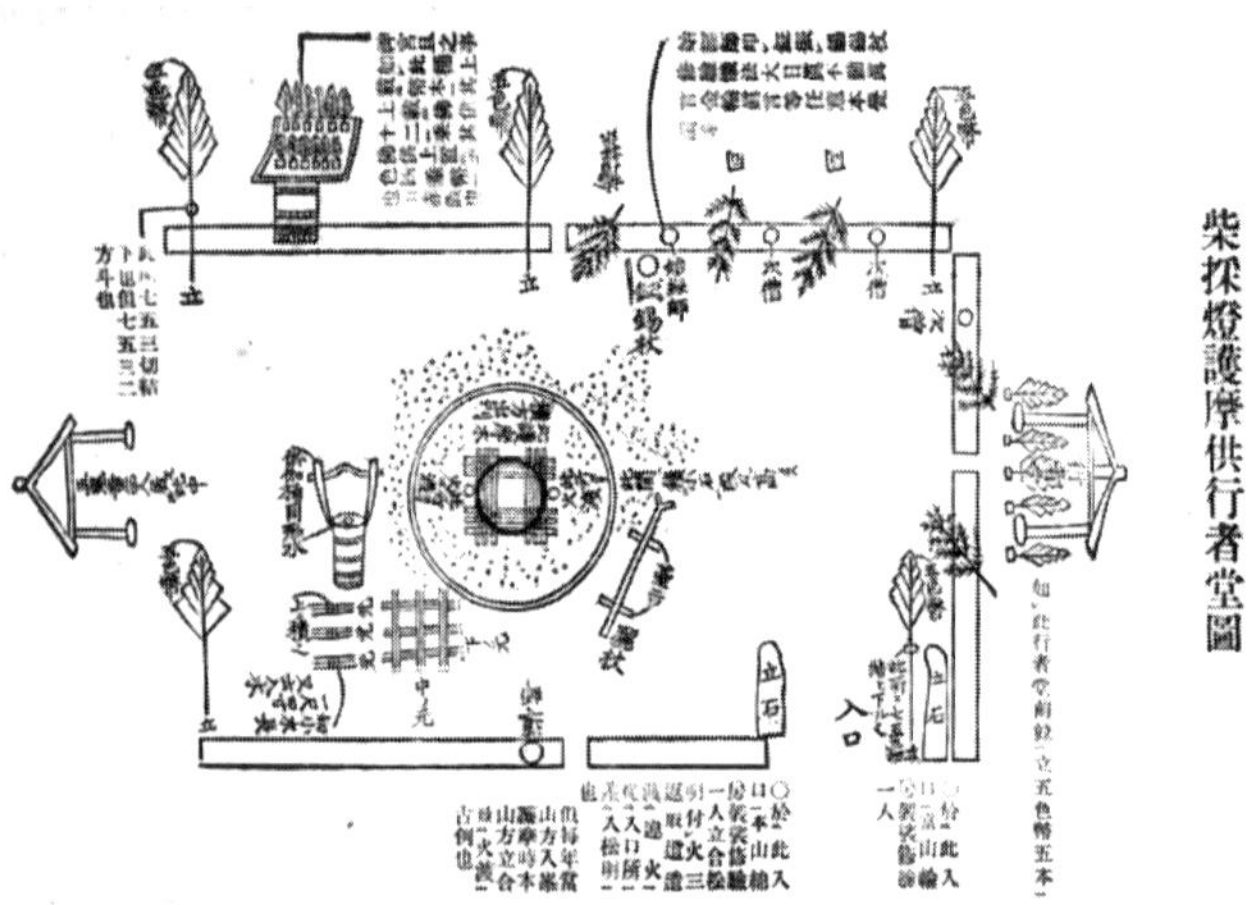

江戸時代の護摩壇（本山相伝「柴採燈護摩供次第」『修験道章疏二』より）

でしょう。その最終日の三月十五日に行われたのが採燈大護摩修行です。

三月十五日の採燈大護摩修行は国峰灌頂堂の堂前にあったやはり常設の採燈大護摩壇で行われました。八菅山の採灯護摩の中で「大」が付くのはここだけです。大きな護摩壇だったのだろうと推測します。そして、ここでは山伏衆だけの純粋な修行としての採灯護摩が行われたは

葛城入峰の拠点中津川行者堂の護摩壇（和歌山県紀の川市）

現在の八菅神社祭礼で行われる採灯護摩。多くの参拝者でにぎわい、八菅山伏が活動していた時代に思いをはせることができる

ずです。八菅山に伝わる勤行の次第書や現在の修験道教団で行われる採灯護摩の次第でも、特殊な諸作法の他に一斉に唱えられる経文・真言と祭文、そして祈りの対象は多岐にわたり、一般の人間にはすぐには覚えられない長く特殊な儀式です。その夜は、両部マンダラ、つまり胎蔵界マンダラと金剛界マンダラの諸仏、八菅山中に祭られているすべての神仏、鎮守としての数々の山岳神、そして日本中の大小の神々をこの「禅定《ぜんじょう》宿」とも呼ばれた国峰灌頂堂に勧請《かんじょう》（迎えること）して「神秘」の修行を行いました。

さて、翌朝三月十六日からはいよいよ山中の行所回りへ出発です。その行所の各々でも「修法・読経・護摩修行等」を行い碑伝を建てると書かれていますから、山中でも採灯護摩修行が行われていたことがわかります。

八菅山ではこの他に、毎月の一日、十五日、二十八日にも「護摩修行御祈祷」が行われていました。旧暦ですので新月と満月の区切りの日と、大日如来・不動明王の縁日にあたりますが、この護摩は密教寺院として堂内で行う内護摩だったのではないでしょうか。

『相州愛甲郡八菅山付属修行所方角道法記』

江戸時代、修験道本山派の本山だった京都聖護院に『相州愛甲郡八菅山付属修行所方角道法記《そうしゅうあいこうぐんはすげさんふぞくしゅぎょうしょほうがくみちのりのき》』という報告書が八菅山から提出されました。この報告書は、幸いにして今でも聖護院に保管されています。筆者は、以前、大峰や葛城で入峰修行をさせて頂いたご縁があったので、聖護院にお願いしてこの複写を入手して分析を行い、論文を書きました。

この報告書は入峰修行三十行所を八菅山からの距離と方角を示しながら説明したもので、おそらく、本山の聖護院から、「国峰」という認定を公にしているのだからその詳細を報告しなさいというお達しが事前にあったのではないかと推測しています。

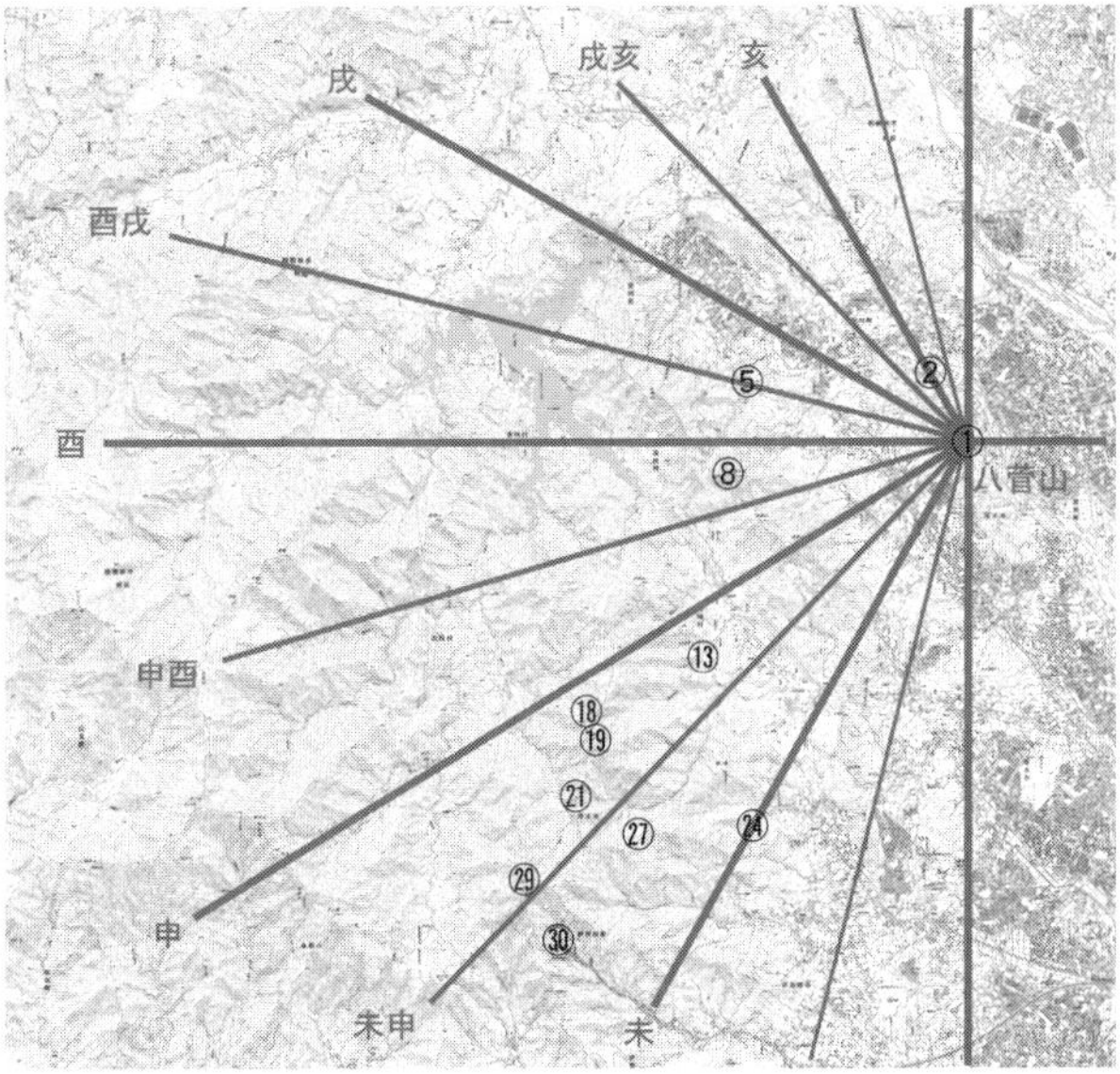

方角行所地図（①〜㉚は八菅山伏の行所番号）

たとえば、大山三峰山の中央峰（九三四・六メートル）は「未ノ方九里余」にあり「十九番　妙法嶽」という行所で「愛染明王　五大力菩薩」を祭り、山が深いので何村に属しているのかわからない、という様に各行所が説明されています。未は南から西へ三十度の方角で、南南西に近いのですが、現代の地図で測ってみると実際には三峰山はほぼ南西にあたり、この報告書では二十度ほどズレがあります。九里は三十五〜三十六キロメートルほどの距離になりますが、これは八菅山からの歩行距離です。そして、展望が良くない行所ではもっと方角がずれているところもあります。ただ、修行エリア全域的には、北北西に近い亥の方角の幣山（愛川町角田）から未の方角の大山山頂へと行所が展開している方向感覚がよく示されています。また、歩行距離も書かれているので、今まで言われていたいくつかの行所の位置が清川村煤ヶ谷あたりでは違う可能性が出て来ました。

宿の荒廃と入峰コースの変更

「宿《しゅく》」という山岳修行者のキャンプ場のことは、前にも触れましたが、八菅の山伏はもともと七つの宿を使っていました。それは、八菅山内の合宿所だった「禅定宿」（一番行所、国峰灌頂堂）、愛川町田代の「多和宿」（四番行所、平山）、「瀧本平地宿」（五番行所、塩川）、清川村煤ヶ谷の「華厳山寺ノ宿」（十番行所）、「越ノ宿」（十二番行所）、「児留園地《ちごどめをんち》宿」（十三番行所）、そして山中にあった「尾高宿」（二十七番行所、空鉢嶽）です。ところが、聖護院に提出された報告書『相州愛甲郡八菅山付属修行所方角道法記』にも幕府に提出された報告書『相州八菅山書上』にも、「禅定宿」と「児留園地宿」以外は「今ハ亡ス」。そして、聖護院への報告書には、七宿はあちこち壊れてしまって今使っているのはこの二か所だけとも書かれています。アウトドアの複数の合宿所を維持管理するのは大変なことだったのがここから伝わります。

正住寺（清川村煤ヶ谷）の碑伝

それにともなって、行所位置やコースの変更があったこともわかります。四番行所平山はがけ崩れで宿と行所が壊れて沓掛坂（愛川町田代）に場所を移したそうです。山中での修行も「児留園地宿」に連泊せざるを得ないので、ここをベースキャンプとして、経ヶ岳～華厳山、辺室山～大山三峰の山域へ修行に出かけていたと考えられます。また煤ヶ谷村では守り札を配って村人と交流していました。

つまり、「児留園地宿」には八菅山光勝寺が管理する堂舎が江戸時代を通して存在していたのです。場所は谷太郎川の支流不動沢です。ここのご本尊と脇侍の二童子は中世の時代から祭られていたもので、今でも近くの正住寺（臨済宗）に入峰碑伝とともに大切に保管されています。不動沢の奥には不動の滝（カンマンの滝）もあり、ここはまさに不動明王の聖地だったと言えます。

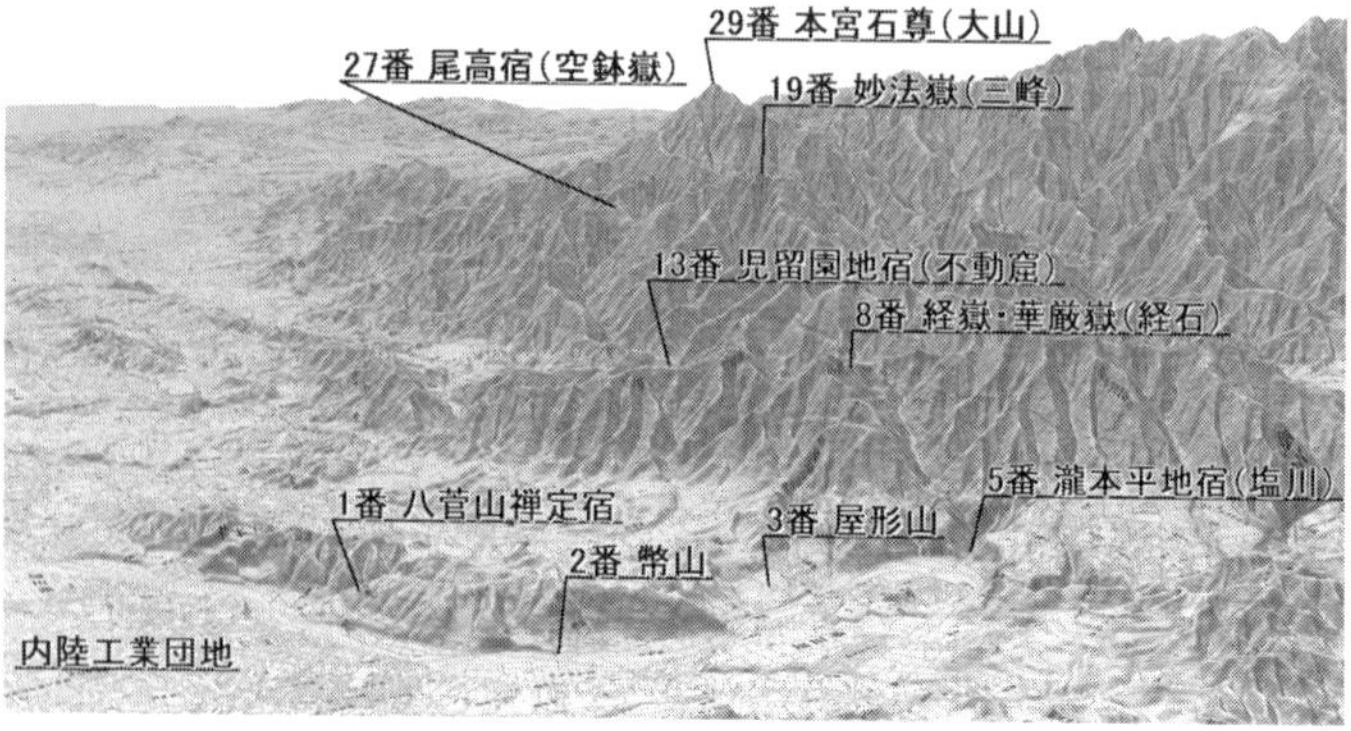

八菅山伏の行場（南大沢駅上空2500メートルから）

第４章　山岳信仰と文化の伝播

六根清浄と山念仏

私たちがグループで山に登る時、集合場所に集まって計画と装備を確認して登り始め、山の中では思い思いに励まし合いながら登山を楽しんでいます。昔のグループ登山はちょっと様子が違います。江戸時代後半、「大山参り」「大山詣」の全盛期、江戸の町人たちは、隅田川で水垢離《みずごり》（神仏に祈願する前の水行）をしてから出発し、大山でも宿坊街の各町内にある良弁滝・愛宕滝・大滝などの水垢離で身を清めて山に入りました。

山のガイドは宿坊も経営していた御師《おし》（現在は先導師）です。御師は「御祈祷師」の略と言われているので宗教的な先達《せんだつ》でもあります。登っている間は、山念仏・かけ念仏とも言われる「六根清浄」を皆で大声で唱え続けます。実は、グループ登山のこの形は、山伏の修行でも一

♩= 60
さー んげ さーんげ ろー こんしょーじょーさーん げさーんげ ろー こん しょーじょー
（ざーんき）
【城川 採譜】

大峰（奈良県吉野～和歌山県熊野）で現在も唱えられる六根清浄の一例

般庶民の登拝でもほぼ全国共通です。

まず、先達が「さーんげ（懺悔または慙愧）、さーんげ（懺悔）」と唱えます。そのあとグループ全員で「ろーっこんしょーじょー」と応えるコール&レスポンスを繰り返すのです。先達の声は励ましの声でもあります。そして、これで呼吸を整えながら登って行きます。六根とは、仏教語で人間の五つの感覚機関プラス意識、眼（視覚）・耳（聴覚）・鼻（臭覚）・舌（味覚）・身（触覚）・意（意識）の事です。つまり、清浄な空気の中で日常の自らを反省し悔い改めよう、感覚器官と意識をクリアにしよう、と唱えながら山を登っていたのです。これが日本の伝統的なグループ登山のスタイルです。

古代北インドの仏教哲学者たちの深い思索から生まれた「六根清浄」は日本の山岳宗教文化にとって欠かせないものです。日本に伝来した経典の数々に記された六根清浄と懺悔の言葉は日本の風土の中で変化しながらも修行者たちに受け継がれ、山伏はそれをまた全国に伝えました。

金剛の杵を以て遍く六根に擬す。六根に擬しおわりなば、普賢菩薩、行者の為に六根清浄懺悔の法を説かん。（『観普賢経』）

相模の御嶽山と霊場の伝播

鎌倉時代、北条時宗の出生時に安産の祈祷《きとう》を担当した隆弁《りゅうべん》という僧がいました。天台宗寺門派の最高位を極め大僧正にまでなった実力者。鶴岡八幡宮の別当（最高職、長官）も務めました。歌人でもあった隆弁が「相模国みたけ山奉納歌」という歌を残しています。

「古《いにしえ》の吉野を移す御嶽山《みたけさん》　黄金の花もさこそ咲くらめ」

（『夫木和歌抄』）

平安時代以降、確かに「金峰山《きんぷせん》・金の御嶽《かねのみたけ》」（吉野〜山上ヶ岳、奈良県吉野町・川上村・黒滝村・天川村）を写した霊場が全国に作られました。吉野に祭られていた蔵王権現《ざおうごんげん》を各地の代表的な山に勧請《かんじょう》（神仏を他所へ招く事）して祭るのです。それを担当したのは僧や山伏たちとそのスポンサー地元領主たちであったでしょう。東京都青梅市の御嶽山、山梨県・長野県境の金峰山、山形県・宮城県境の蔵王連峰など、蔵王権現を祭っていたお山でそれがそのまま現在の地名になっているところも珍しくありません。

さて、「相模国みたけ山」とはどこでしょうか。江戸

吉野と蔵王堂の周辺（奈良県吉野町）

時代にも謎だったようです。『甲斐国志』には、相模は間違いで甲斐に違いない、と書かれています。『新編相模国風土記稿』でも津久井県与瀬村蔵王社（現在の与瀬神社）の項に「けだし当社のことなるべし」。

蔵王を祭っていた御嶽神社は丹沢山麓では珍しくありません。秦野市平沢には古い歴史を持つ御嶽神社（もと蔵王権現社）があります。その鳥居前の参道は真っ直ぐ大山山頂に向かっています。かつては大山を遥拝するための社《やしろ》だった時代があると考えられます。秦野市蓑毛の御嶽神社もしかりです。相模大山を金峰山・御嶽山とみなす信仰が秦野盆地に生まれても不思議ではない素地が平安時代にあります。

大山と平沢御嶽神社の参道（秦野市）

平安時代後期の荘園である波多野《はたの》庄は藤原摂関家（摂政・関白を輩出する家柄）領で、在地領主の武士団波多野党の子弟からは摂関家に仕えた人物やその周辺で活躍する僧もいました。平安時代の金峰山が摂関家から信仰されていた様子は、少し時代をさかのぼって、藤原道長が寛弘四年（一〇〇七）に経巻を書写して豪華な金銅経筒（国宝）に納め自ら金峰山に登山して埋納した金峰山経塚が知られています。その銘文からは「蔵王に白《もう》して言う」「蔵王に親近せんがため」「南無教主釈迦、蔵王権現」など千年前の道長の蔵王権現信仰をうかがい知ることができます。そして、この貴人の登山には多くの僧が従っていました。山岳修行を行う僧や聖を指す山伏という呼称も生まれていた時代です。

京の貴人たちの間に御嶽信仰が盛り上がっていた頃、波多野党はその信仰を秦野盆地内に写したのではないでしょうか。京の貴人たちの山岳霊場詣ブームは、十二世紀が熊野詣の時代とすれば、御嶽詣はそれ以前の十世紀には始まっていました。

山の修行者と山林保護の掟

「山中の草木は総じてみだりに切るな、木を切るものは首を切る、枝を切るものは手足を切る、葉を切るものは指を切る、草を刈るものは髭と髪を切る」。室町時代の大雄山最乗寺（曹洞宗、南足柄市）の掟《おきて》です。最乗寺は、糟屋（伊勢原市）出身の了庵《りょうあん》禅師が、園城寺（三井寺、滋賀県）の山伏の道了《どうりょう》の協力を得て創建したと伝えられています。天狗姿で祭られ広く信仰されている道了尊です。

修行者にとって、山林は守らなくてはならないものでした。なぜならば、仏と神が住む山には「荘厳《しょうごん》」が必要だと古代から信じられてきたからです。荘厳とは、浄土など仏の世界や仏・菩薩《ぼさつ》の徳をあらわす美しい飾りです。お寺の本堂でご本尊の回りをキラキラと飾っているのも荘厳です。「樹木は仏陀《ぶっだ》荘厳、神明（神）厳餝《げんしょく》（＝荘厳）」「竹木は寺社の荘厳、高く神徳を表し茂く仏徳を顕す」「草木が無ければ泥団子、才智無き人が木偶《でく》の坊なのと同じ」、どれも古代中世の寺院の掟です。瀬田勝哉『木の語る中世』にはそのような事例がたくさん紹介されています。

当然、山守《やまもり》の巡回があり、山伏がそれを務めることもありました。紀伊半島には修行エリアの山林を守ろうとする山伏と、里の農民や木こりとの軋轢《あつれき》を示す古文書が残っています。それが大峰山地の尾根筋を中心にした「靡八丁《なびき》」と呼ばれる山林です。

丹沢山地内にはそのような掟は残っていませんが、入峰修行が盛んだった時代には何かしらの掟があったとしても不思議ではありません。

江戸時代の丹沢山御林《たんざわやまおはやし》では、また別の意味で山林が保護されました。木材供給のための幕府直轄林としてです。一般人の伐採は禁止され、近隣の村々が山守を命じられました。宮ヶ瀬村・煤ヶ谷村（清川村）・寺山村・横野村（秦野市）の四ヶ村はほぼ

大雄山の森（南足柄市）

江戸時代を通じてそれを務め、菩提村（秦野市）・七沢村（厚木市）もその役目を務めた時期があります。御林が設定された寛永元年（一六二四）の段階で伐採禁止樹木として村々に示されたのはツガ（栂）・ケヤキ（欅）・モミ（樅）・スギ（杉）・カヤ（榧）・クリ（栗）でしたが、それ以降も「山荒し」（盗伐）が続き次第に管理は厳しくなっていったようです。

女人禁制と結界

大山の蓑毛（秦野市）側の標高約八三〇メートルの尾根上に「従是《これより》女人禁制《にょにんきんせい》」と記された弘化二年（一八四五）の石碑が立っています。碑文から、江戸蔵前の商人がスポンサー、御師《おし》集落蓑毛に世話人がいて江戸町火消「ほ組」が運搬設置担当だったのでしょう。大山参りの全盛期、ここには高さ六尺八寸（約二メートル）・横幅六尺（約一・八メートル）の木戸がありました。女人禁制はこの時始まったわけではありません。数百年以上は続いていたはずです。

大山をはじめ全国の霊山は古代から男女を問わず一般人の登山は禁止されていました。古代の仏教的修行者が山を仏《ほとけ》の世界とみなすようになると、頂上から山麓までは、純粋な悟

大峰山上ケ岳の女人禁制門

大山の女人禁制碑

りの世界・菩薩の世界・修行者の世界・迷う俗人の世界、という階層でとらえられました。修行のレベルに合わせて山に何層もの結界《けっかい》が生まれ、そこに標石や木戸・鳥居が立ちます。しかも昔の修行者たちは百パーセントが男僧で、封建社会における女性の地位低下とあいまって女性は山から排除されました。ただ、檀那や信者の求めに応じて夏の一定期間だけは男性に限り一般人の修行も受け入れようというのが、大山参りなどの庶民の登拝の始まりです。

紀伊半島山上ケ岳は今でも山頂周辺が大峰山寺として女人禁制です。ところが、現代は女性山伏が増えています。修験道教団は柔軟な対応も含めて檀那となる講（信仰者・修行者のグループ）や山麓地域への働きかけを行ってきたようですが、長い伝統を重視する講や地域の人々の理解を得ることが難しい課題となっています。

役行者と丹沢

丹沢の行者ヶ岳（一一八〇メートル）の山名が、役行者《えんのぎょうじゃ》に由来することはよく知られています。ここに、戦前まで戦国時代の日向山伏が納めた役行者像が祭られていたことはすでにご紹介しました。

役行者は、天皇の命令で作られた平安時代初期の国史『続日本紀《しょくにほんぎ》』の中では、呪術を使い讒《ざん》言《げん》にあって伊豆に流された「役君小角《えのきみおづぬ》」として記録されています。平安時代の説話集『日本霊異記』になると話はもっと大きくなって、役行者は「役優婆塞《えんのうばそく》」として、昼間は伊豆の島にいて夜になると富士山まで飛んで通っていたという話になっています。

伊豆に近い相模地方でも、平安時代末には、役行者信仰が修行僧たちの中に根付いていました。その頃の箱根権現の縁起には、役行者が、芦ノ湖に突き出た堂ヶ島（現在の恩賜箱根公園）を拠点にして元箱根から富士山の麓へ巡行していたという話が載っています。やはりその頃の江ノ島の縁起でも、役行者は岩屋の中で弁才天を顕現させたことになっています。

ただ、丹沢周辺の歴史資料の中で役行者信仰が盛り上がっていたことがよくわかるのは戦国時代です。天文十五年（一五四六）の八菅山伏の修行次第書には法楽すべき対象の中に「役優婆塞」があります。そして、八菅神社に今も安置されている役行者像の胎内銘は天文十七年（一五四八）です。行者ヶ岳にかつてあった役行者像の銘は永禄十三年（一五七〇）でした。八菅山内の院坊には鎌倉時代にさかのぼる役行者像も伝えられていたようですが、丹沢山地を修行の場とする山伏の活動が室町時代を通じて盛り上がり、小田原北条氏の領国時代にその活動がピークを迎えたのではという推測もできそうです。室町時代に相模国の修験者が成立にか

伊勢原市板戸の首無し神変大菩薩像（役行者像）

かわったと考えられている役行者の伝記『役行者本記』は、役行者の伊豆流罪中の修行地をこう記しています。「走湯（熱海）。箱根。雨降（大山）。日向。八菅。江ノ島。富士山等」。

やがて江戸時代になると、役行者がかつて丹沢に修行に来たことは当たり前のように考えられていたようです。丹沢の尾根道は「役行者お通りの跡」と認識されていたのです。

寛政十一年（一七九九）、時の光格天皇は役行者に対して「神変大《じんぺんだい》菩薩《ぼさつ》」号を宣下しました。光格天皇は朝廷権威の復権に努め後の時代の下地を作った天皇として評価されていますが、幼少期は聖護院に入室し当初将来は山伏になる予定でした。そして、内裏が火災に見舞われた時には三年間も聖護院を仮皇居とするなど山伏とは縁の深い天皇でした。相当のひいきがあったのかもしれません。

丹沢の周辺で天狗信仰のお山と言えば、高尾山と大雄山が有名です。

高尾山の薬王院有喜寺（真言宗、八王子市）が祭る飯縄権現《いづなごんげん》は、背中に翼、右手に剣、左手に羂索《けんさく》（綱）を持ち、狐に乗る天狗のお姿。信州の飯縄山（長野県長野市・飯綱町・信濃町）で生まれた神格です。その眷属《けんぞく》も天狗。天狗の姿は鼻高天狗と烏天狗。現代の高尾山は修験道に力を入れています。山伏修行と山中いたるところでお目にかかる天狗たちに囲まれて、霊験あらたかな雰囲気いっぱいの人気のお山です。

一方、大雄山の最乗寺（曹洞宗、南足柄市）でも、やはりたくさんの天狗たちに囲まれて道了権現《どうりょうごんげん》（道了尊、道了大薩埵）が祭られています。こちらも狐に乗る天狗のお姿。右手には禅寺らしい拄杖《しゅじょう》、左手にはやはり綱、そしてこちらは翼はつけていらっしゃいません。道了尊はもともとこのお寺を開いた了庵禅師を助け仕えた山伏であったと伝えられています。その眷属も姿は鼻高天狗と烏天狗。山伏の姿と天狗のイメージはどのお山でも重なります。

大山にも古くから天狗信仰がありました。大山寺が明治時代になって阿夫利神社に変わるまでは、大山山頂の本社は石尊権現社、奥社は大天狗《だいてんぐ》社、前社は小天狗《しょうてんぐ》社で、他に大山祇尊も祭る徳一社がありました。一般に大天狗が鼻高天狗、小天狗が烏天狗です。これは江戸の隅田川や山梨県に残る石尊権現の垢離《こり》取（水行）の唱え言の一例です。

「懺悔懺悔、六根清浄、大峰八大《おしめにはったい》金剛童子、大山大聖不動明王、南無石尊大権現、大天狗小天狗《だいてんぐしょうてんぐ》……」。

この他に、いつの頃からか、伯耆坊という名の天狗も大山で祭られています。全国的には、古くから伯耆大山《だいせん》（鳥取県・岡山県）の天狗として伯耆坊は知られていました。このダイセンの天狗をオオヤマに持って来るには「天狗の山移り」が必要です。

白峰（香川県）で良く知られている相模坊という天狗はきっと相模大山から移ってきたに違いない。そして留守になった相模大山にはダイセンの伯耆坊がやって来た。これは天狗研究家の知切光蔵氏が広めた俗説です。自由自在に移動可能な天狗のイメージにはぴったりです。

山梨県笛吹市御坂町天神社で今も行われる石尊祭の唱文石碑

丹沢と江ノ島

大山阿夫利神社下社前の鳥居の下で相模湾を一望すると、真正面に見えるのは江ノ島です。

ここは大山寺楼門があった場所です。下社はもとは大山寺の本堂（不動堂）が建っていた所。つまり、大山寺の伽藍中心線は、真っすぐに江ノ島に向かっていたことになります。とても偶然とは思えません。

鎌倉時代以前にさかのぼる『江嶋縁起』では、江ノ島に最初にやって来た修行者は役行者《えんのぎょうじゃ》。山伏にとって重要な先駆者であり崇拝対象です。次にやって来たのが泰澄《たいちょう》。北陸の白山を開いたやはり有名な修行者です。この後も次々に修行者が登場します。そして、山ふたつ（中村屋羊羹のあたり）をはさんで「西嶋山」＝「胎蔵界マンダラ」と「男嶋山」＝「金剛界マンダラ」。まるで、熊野側を胎蔵界、吉野側を金剛界と見立て今も修行されている紀伊半島の大峰奥駈《おおみねおくがけ》のミニチュア版です。

江の島内の聖地は「金窟」や「龍窟」、つまり、江ノ島岩屋（金窟）をはじめいくつもの岩屋でした。修行者たちはそこで弁才天《べんざいてん》の顕現に立ち会うのです。その岩屋はまた奥で外とつながっていると信じられていました。

一番有名なのが山ふたつの南壁にあったという「仁田抜穴《にったのぬけあな》」。富士山の人穴（静岡県富士宮市）とつながっているという『江島大草子』（江戸時代の地誌）に書かれている伝説。有名な御家人仁田忠常が将軍の命で人穴を探検した『吾妻鏡』の記録から、次第に脚色されて江ノ島まで繋がったのだと思われます。

丹沢の修験者《しゅげんじゃ》たちの修行場周辺にも江ノ島とつながっていると言われてきた場所があります。

江ノ島淵（愛川町田代・半原）

まず、大山と八菅の山伏にとって重要な行場だった塩川の谷。塩川滝を遡上したところにある滝の落ち口は江ノ島の岩屋とつながっていると信じられてきた「江ノ島淵」です。さらに、八菅修験の第二行所・幣山から第三行所・屋形山へ向かう途中にある中津川「弁天淵」も江ノ島の岩屋と通じていると伝えられてきました。ここには対岸に弁天社（現在は市杵島神社、愛川町角田）が祭られています。中世の日本人は、地下には縦横無尽の龍穴が通じていて神仏や特殊な能力を持った人々がそこを行き来できるという観念を持っていたそうです。そして、弁才天の姿はまた龍蛇としても現れます。

日本の寺院で唱えられる弁才天の真言「オン・ソラソバテイエイ・ソワカ」、その語源になったインドの女神サラスヴァティに祈願するサンスクリット語「オーム（聖なる音）・サラスヴァティ（弁才天）・スヴァハ（祈願成就を祈る言葉）」。時空を超えた文化の伝播がとても面白いと思います

第５章　大山不動と染屋太郎伝承

大山不動

現在の大山寺はケーブルカーの中間駅「大山寺」の所にお寺を構えていますが、昔は大山川の谷全体が大山寺でした。その本堂のあった場所が現在は阿夫利神社下社になっています。そして、大山寺のご本尊が不動明王です。霊験あらたかな大山不動として関東一円の信仰を集めていました。明治時代はじめの神仏分離で一度は廃寺になった大山寺が復活したのも大山不動への熱い信仰が広がっていたからこそです。

『大山縁起』真名本に語られる大山不動顕現神話。まず地元の人々が山頂で石造不動明王像を発見し、それを聞いた良弁《ろうべん》（東大寺別当）が山頂での修法《すほう》により正身《しょうじん》の不動明王と眷属《けんぞく》の二童子を顕現させせます。すると、不動明王は良弁に向かって「私の形の像を本尊にしなさい」と説くのです。良弁は童子から教えられた霊木から本尊を彫り出します。日向薬師の縁起も薬師像が行基によって霊木から彫り出され本尊とされたとしていますが、大山不動にも良弁が彫り出した霊験仏という信仰がありました。『大山縁起』のこの部分を読んでみましょう。

この時、童子（不動明王の眷属）が現れて言った。この山の南斜面に大きな槻がある。その木を伐って不動明王尊のお姿をかたどりなさい。これは霊木です。良弁が喜んで合掌してその場所に至ると紫雲がたなびき霊木を覆い光っていた。良弁は喜んで言った。仏教が衰えた末法の世の衆生のために奇瑞を表して下さい。そして祈祷すると、にわかに風がやみ枝の揺れも治まった。良弁はさっそくその木を伐り、自分の手で本尊を彫刻した。一つ斧をおろす毎に礼拝を三度繰り返しながら。

現在の大山不動は鉄製です。鎌倉時代中期に大山寺を再興した願行房憲静の作と言われています。何代目かのご本尊ということでしょう。願行房憲静は「東寺上人」「願行《がんぎょう》上人」「憲静《けんじょう》上人」とも呼ばれ、全国的には東寺（京都府）大勧進《だいかんじん》（造営工事及び費用捻出総責任者）として有名です。四宗兼学（天台・真言・禅・律）の道場だった泉涌寺（京都府）長老第六世でもありました。鎌倉幕府執権北条氏からは特に信頼されつながりの深い僧だったようです。このことは各所で行った造営事業に大いに役に立ったと考えられています。大勧進としては多くの職人を配下に持ち、その中には厚木市飯山に拠点があったと推定されている鉄のプロ集団「物部《もののべ》鋳物《いも》師《じ》」一派もいました。

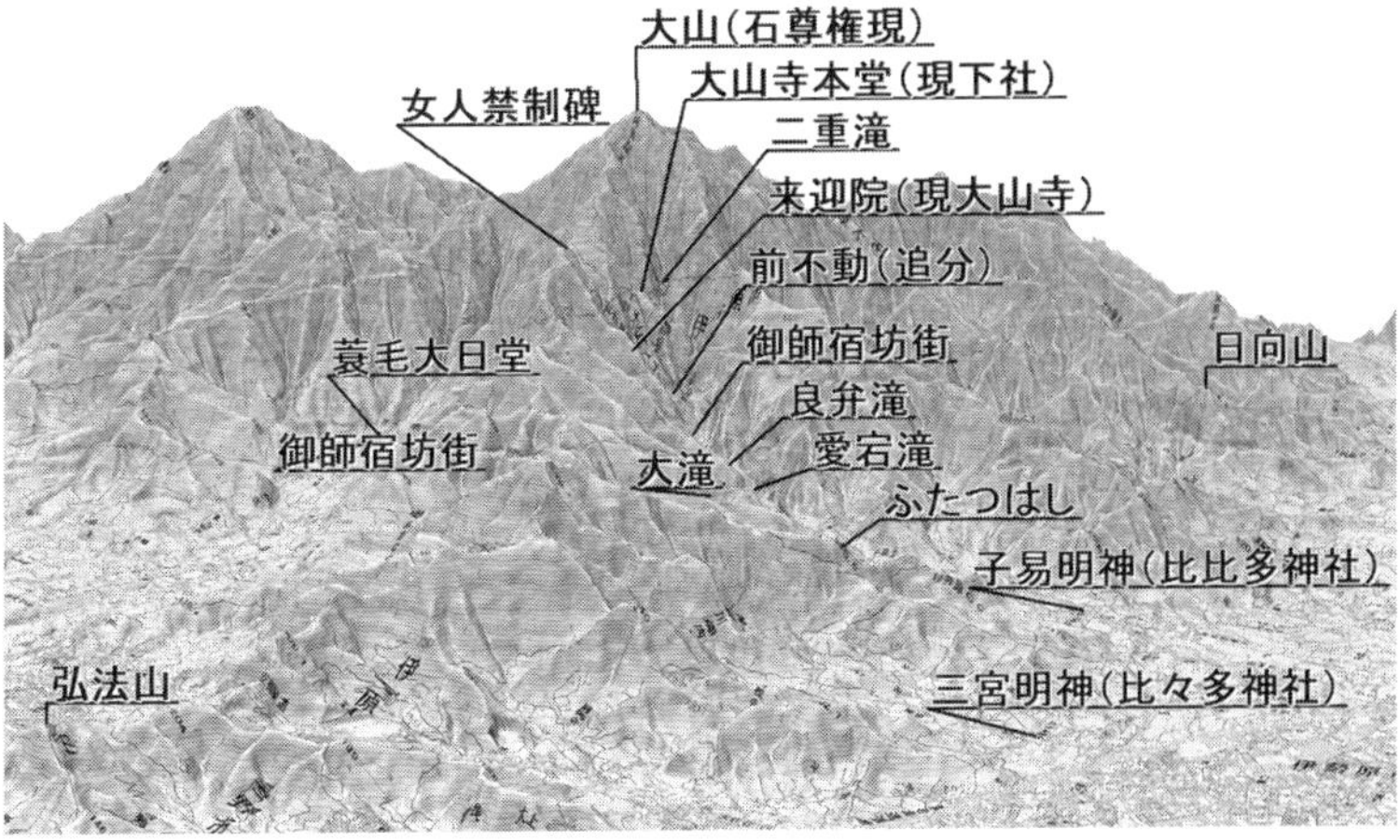

大山（大磯高麗山上空1700メートルから）

江戸時代の大山道の道しるべと不動明王像（清川村煤ヶ谷）

勧進という活動はやがて寺院組織内の一部門として取り込まれ、勧進聖《かんじんひじり》の活動が次第に見られなくなる江戸時代以降もその部門自体が残っている例もあります。大山寺でも、貞和四年（一三四八）に亡くなった行忍という僧を開基とした「不動堂燈明方役大勧進」という院坊が明治維新の頃まで残っていました。

仏果山と不動明王、そして愛川の染屋太郎時忠

愛川町半原の最高標高地点は仏果山（七四七メートル）です。「大山の背面鎮護」という伝えがあった麓の清瀧寺（廃寺）ではこの山を「正身の不動明王」が現れる「明王嶽」と呼んでいました。確かにここから拝む大山は連なる峰々の奥にその姿を見せて見事です。半原にはこの他にも大山と良弁の伝承が色濃く残っています。半原出身の民俗学者小島瓔禮氏（琉球大学名誉教授）は、伝承のいろいろを臭覚するどく調査し想像力豊かな推論を交えていつも教えて下さいます。

例えば、半原の観音堂に祭られていた如意輪観音像（現在は同じく半原の臨済宗清雲寺に安置）には良弁作という伝えもあったこと。染屋太郎時忠が如意輪観音に祈願して授かった子どもが良弁で、中津川上流から流れて来た霊木を刻んで観音像としたこと。しかも、古い時代はこの観音像が清瀧寺に祭られていたこと。

そして、この清瀧寺こそ、大山寺との縁起上の類似点で注目すべき寺院です。山号は「今大山」、開山は良弁、本尊は願行作の不動明王（現在は清雲寺に安置）。すでにご紹介しましたが、この清瀧寺の『今大山縁起』（江戸時代初期）は塩川の谷にある複数の滝と周辺を聖地として説明しています。その文章とほぼ同文がはるか遠く伊勢原の『大山縁起』（真名本）にもあります。つまり、半原が大山寺にとっても聖地だった時代が確かにあったのです。江戸時代には、大山ではすでにこの二か所の関係は忘れ去られて塩川の谷を説明する文章もどこのことだかさっぱりわからなくなっていましたが。

仏果山から拝む大山

清瀧寺あと（愛川町半原）

小島氏はさらに興味深いことも指摘しています。この滝の上流部分が「大山平《おおやまびら》」という大山不動を勧請しお堂があったと伝わる場所であること。中津川の田代の河原に「子安の森」があって、良弁がそこで塩川滝の方を拝んで瑞祥《ずいしょう》（めでたいしるし）を見て滝をまつり清瀧寺を建立したという伝えがあること。

さらにびっくりするのは、江戸時代の半原村名主染矢家は「良弁の父である染屋太郎時忠の子孫で、良弁の開いた清瀧寺の信仰を守るために、鎌倉から半原へ移住してきたと伝えています。それは鎌倉時代のことであるといいます」。（小島瓔禮「良弁僧正ゆかりの如意輪観音像」）
『大山縁起』の世界がそのまま地域に展開しているのが愛川町半原です。八菅山伏の峰入りがここを山岳ルートへの入口としたのは、大山寺の修行地としてのこれらの古い伝承と無関係のはずはありません。

『大山縁起』と染屋太郎時忠

古代・中世の時代、布施《ふせ》を集め、寺社の造営費用をまかなうこと、つまり「勧進《かんじん》」が全国で行われていました。お金や物を提供した人々は、それによって神仏と結縁《けちえん》し現世と来世の幸せ（二世安楽）を願いました。勧進を担当した僧や聖《ひじり》の中には神仏にまつわる唱導《しょうどう》（衆生を導く語り）や芸能を披露しながら活動する者もいました。全国に残る弘法伝説などは、弘法大師信仰の霊場高野山（和歌山県）と東寺（京都府）が火災に遭う度、造営費用捻出のために何度も行った勧進でたくさんの聖たちが活動した痕跡でしょう。そして、地域の僧や山伏などもその語りのパターンを活用して土地に根差した唱導を行っていたはずです。伝説に類話が多いのは彼らが元ネタ原稿をもとに語っていたからです。県立金沢文庫（横浜市）には、「説草《せっそう》」と呼ばれる鎌倉時代の唱導の携帯用原稿がたくさん伝来していて研究が進められていますが、その中には勧進に使用されたものも含まれています。

大山山麓、鎌倉、愛川町などに伝わる染屋太郎時忠と良弁の伝説は、大山寺の勧進唱導の中で語られていたと思われる物語りです。元ネタのまとまった形は『大山縁起』（真名本）の中で確認できます。

聖武天皇の世、天平勝宝未の年（七五五）、良弁僧正は新たに根本となる仏堂（東大寺）をひらいて天皇の御願寺とした。良弁は相模国鎌倉由伊（由井、由比）郷の人である。俗姓は漆部《ぬりべ》氏、相模国の優れた将軍　染屋太郎時忠の子である。

良弁は東大寺の初代別当です。そして、中央政権や豪族とつながりを持ち東大寺にも多額の寄進をしていていた相模国漆部氏の出身だったことが歴史研究の中で確実視されています。その父、染屋太郎時忠と呼ばれる人物は漆部氏の誰かがモデルと考えられます。

縁起のストーリーを追います。染屋太郎時忠にはなかなか子供ができませんでした。ある夜、夢に現れた高僧（実は釈迦・弥勒）から法華経を渡され子を授かります。ところが、間もなく鷲にさらわれてしまいます。そして発見されたのは奈良の

大山の良弁堂に祭られている良弁を助ける猿の像（『新編相模国風土記稿』陸軍文庫本）

春日山の櫟《イチイ》の大木の鷲の巣の中でした。それを助けたのがお猿さんとその子の師となる僧です。その子は奈良で育ち良弁僧正となります。この時に発見された大木の種類は江戸時代になると楠・杉と話が変化していきます。また、師僧の名前も複数のヴァアリエーションがあります。やがて、子探しに全国を巡った老父母が東大寺で良弁と出会いめでたく親子の対面が実現します。その時の父染屋太郎時忠の自己紹介です。

坂東相州将軍、名は時忠、大職冠（藤原鎌足）の後なり、家は兵略を継ぎ、八州を統領す。この縁起は鎌倉時代には成立していたと考えられます。武家政権を意識した名乗りです。この後、故郷へ帰った良弁は大山寺を開きます。この物語が大山寺の勧進活動で盛んに語られたであろう痕跡の数々を小島瓔禮氏はすでに昭和四十年代に読み解いていました。

伊勢原の染屋太郎時忠

大山が染屋太郎時忠の子良弁によって開かれたというお話は古代から大山で伝えられていたはずです。鎌倉幕府の高官たちも読んでいた『大山縁起』はちろん真名本（漢文体）で、染屋太郎時忠とその子良弁の物語りが内容の半分を占めています。

江戸時代の地誌『新編相模国風土記稿』の中で良弁親子の伝承を探してみます。

まず、大山の登拝口「坂本村」（大山町）。良弁を祭る「開山堂」と垢離《こり》（神仏への祈願前の水浴）を取る「良弁瀧」。十九世紀の大山参りを題材にした浮世絵群の中でも名所です。良弁に従って来たと伝えられ先祖代々大山寺の大工を務めていた手中明王太郎家もあります。手中明王太郎家は中世の頃は山内の仁王門脇に屋敷を持っていたそうです。それから、良弁の従者として大山にやって来た若満の子孫と伝わる若満坊。秦野市側の登拝口「蓑毛村」にも、やはり従者千代満の子孫千代満坊と大満の子孫大満坊。これらの坊は中世の時代には大山寺「児捨《じしゃ》」（侍者）という特殊な身分でした。

大山の山麓には「ひびたじんじゃ」と呼ばれる古社が二つあります。平安時代の『延喜式神名帳』に記載されている「ヒビタノカミノヤシロ」に比定されている二社です。「上糟屋村」の比比多神社（伊勢原市上粕屋）は「子易明神」。小島瓔禮氏によれば、「コヤス」の神は良弁の伝承には欠かせない神だそうです。奈良東大寺にも「子安神社」、愛川町にも「子安の森」と「子安明神」。そして、子易明神には、染屋太郎時忠の妻が安産のご加護を頂いたので夫の遺志をついで社頭を造営したと伝わっていました。「三之宮村」の比々多神社（伊

子易明神の社叢（伊勢原市上粕屋）と大山

勢原市三ノ宮）は「三宮明神」。ここには戦争中に軍に供出して無くなってしまった江戸時代初期の古鍾がありました。その鍾銘には「三宮大明神は慈悲深い不動明王の霊場である。それがこの場所の始まりである。天平年中に土地を選んで鎌倉鎮将染屋太郎時忠の像を安置して三宮大明神としてお宮を作り祭った」。

『大山縁起』の中には「（良弁の）父はすなわち大住郡の三宮大明神これなり、母はすなわち易産《こやす》明神と号す」とあります。まさに山麓の二つの古社です。すべての伝承が大山縁起でつながります。

鎌倉の染屋太郎時忠

南北朝時代の十四世紀に遊行寺（清浄光寺、藤沢市西富）の僧　由阿が書いた万葉集の注釈書『詞林采葉抄《しりんさいようしょう》』の中に、歌によまれた地名「鎌倉山」の解説とともにこういう記述があります。

藤原鎌足の玄孫　染屋太郎大夫時忠（東大寺良辨僧正の父）は、文武天皇の時代から聖武天皇の神亀年中に至るまで、鎌倉に居住して、坂東八ヶ国の総追捕使として東方の敵を鎮め国家を守っていた。

『大山縁起』の「坂東相州将軍、名は時忠、大職冠（藤原鎌足）の後なり、家は兵略を継ぎ、八州を統領す」が表現を変えながらそのまま使われています。南北朝時代、染屋太郎時忠が、大山寺の勧進唱導活動の枠から独立して地域の伝承の主人公として定着し始めていたのではないでしょうか。

室町時代の十五世紀以降、鎌倉が首都機能を失い田園へと変化していく中でもこの伝承は地域で受け継がれました。江戸時代に入って、水戸藩の徳川光圀が編纂させた地誌『新編鎌倉志』にも、染屋太郎時忠が登場します。

その当時、源頼朝の墓所法華堂（鎌倉市西御門）に祭られていた如意輪観音像について、「良弁僧正の父である太郎大夫時忠が由比の長者だった時に、娘の遺骨を、此の如意輪の腹中に納めたと伝わっている。又、（良弁開基の）石山寺（滋賀県大津市）から仏舎利五粒を納めたという書付けも入っている」と説明しています。十七世紀、江戸時代はじめ、染屋太郎大夫時忠伝説は目の前にあるモノや場所に結びついて具体的に語られ始めています。因みに、この如意輪観音像は、現在は西御門の来迎寺（時宗）に安置されています。南北朝時代の作品で神奈川県指定文化財、美しい仏像として人気があります。

中世の頃、鎌倉のあちこちの辻に石塔が立てられていたそうです。それが「塔之辻」という地名として残っている所もあります。水戸黄門率いる地誌編纂チームはこの塔辻についてもこう記録しています。「里人の伝承では、由井（由比）の長者太郎大夫時忠が、三歳の子を鷲にさらわれたので、探索中に道に捨てられた骨肉を見つける度に、我が子の骨肉ではないかと菩提をとむらうために立てた石塔」の辻。『大山縁起』のストーリーから発展した伝説群はまだまだあります。

『新編相模国風土記稿』「長谷村」（現在の鎌倉市長谷・由比ガ浜のあたり）のところには「染屋太郎大夫時忠宅蹟」という項目があります。江戸時代後期十九世紀の鎌倉では、染屋太郎時忠が歴史上の人物として認知されていたようです。

> 長者ヶ久保にある。今は畑になっている。時忠の家の系譜はわかっていない。その頃は皆、由井（由比）の長者と称えていたという。今この土地に長者久保という地名が残っていることから考えると、その家は豊かで豪族だったのだろう。

昌平坂学問所の地誌調所の役人が長谷村に調査にやって来たのは文政七年（一八二四）。幕府の役人も信じたのです。そして長谷村の鎮守「甘縄神明宮」（現在の甘縄神社）にも染屋太郎時忠の縁起が色濃く伝わっています。

> （甘縄神明宮の）別当　甘縄院　神輿山と号す。臨済宗妙心寺派　本尊地蔵を安ず、天平年中行基の草創にして開基は染屋太郎大夫時忠と云ふ。

長谷村の周辺は、平安時代後期には武士団鎌倉党（鎌倉氏・大庭氏・梶原氏・長尾氏など）の拠点の一つで、鎌倉党はさらに鎌倉郡から西の高座郡の藤沢・茅ヶ崎地域を開拓して伊勢神

「塔辻」地名　文政十二年（一八二九）植田孟縉「鎌倉大概図」（『鎌倉攬勝考』）から作図

宮に広大な荘園を寄進しました。そして、各地に伊勢神宮（神明）を勧請《かんじょう》して祭ったとも考えられています。鎌倉時代にもこの神明宮が「伊勢別宮」と呼ばれていたことがわかっています。江戸時代初期（十七世紀）の『新編鎌倉志』には「天照大神を勸請す。神主は小池氏也」とあります。どこかで、この神社の縁起が大きく変質したのでしょうか。奥富敬之氏によれば甘縄神明宮に伝わる十八世紀の縁起には、行基と染屋太郎時忠による神明宮と寺院の建立、そして染屋太郎時忠の娘＝平直方の妻（源頼義の妻の母）＝源義家の祖母という源氏嫡流へと血縁がつながるストーリーが記されているそうです（『鎌倉史跡事典』）。この縁起の作成に関わったことが確実な妙心寺派僧瑞峰《ずいほう》祖堂《そどう》の意図に想像がふくらみます。長谷村には、鎌倉大仏や長谷観音など参詣者が集まる名所が数多くありました。

染屋太郎大夫時忠邸阯（鎌倉市長谷）

　鎌倉には、大正時代から戦前に地元の青年会・青年団・同人会が立てた歴史案内碑がたくさんありますが、ここを舞台に活躍した中世の武士や僧侶たちの歴史的遺跡に交じって「染屋太郎大夫時忠邸阯」（昭和十四年、鎌倉町青年団建立）も江ノ電由比ヶ浜駅近くに堂々と立っています。染屋太郎時忠伝説は今も生きています。

第６章　日向薬師の縁起と行基伝承

行基伝承

行基《ぎょうき》は、日本の歴史上特に知られている僧侶の一人です。飛鳥時代から奈良時代にかけて近畿地方を中心に活動していました。古代律令国家の形成期に、時の政権から睨まれながらも、多くの協力者と支持者を集めて公共的な土木事業と慈善活動を行っていた行基。最終的には、東大寺（奈良県）の完成を目指していた聖武天皇の政権から大仏造立のための協力を依頼され大きな効果を上げて初の「大僧正」に任命されました。

この行基がお寺を開いたとか仏像を彫ったという伝承が神奈川県内にも数多くあります。もちろん、丹沢の山麓でも珍しくありません。その理由の一つとして、関東の行基伝承の発信地は幕府草創期の鎌倉だったという指摘があります。確かに、源頼朝は霊験《れいげん》あらたかな歴史ある古代寺院を大切にして、寄進や参詣を繰り返していました。伊勢原の日向薬師もその一つです。

観音菩薩像に祈りをささげながら関東の古代寺院を巡る坂東三十三観音巡礼のコースが、西国三十三観音を真似て整備されたのもその頃だと言われています。これにも、鎌倉幕府の何らかの関与があったとも考えられています。そして、厚木の飯山観音をはじめ、観音巡礼の札所では行基伝承は珍しくありません。

鎌倉杉本寺の石段（行基伝承の坂東観音巡礼第一番札所）

源頼朝は、平家によって焼き討ちされた東大寺再建事業のための大スポンサーでした。この再建事業の責任者が当時六十歳を超えていた俊乗房重源《ちょうげん》です。若くして密教・修験（大峰　他）・念仏（法然の浄土門）の修行を極め入宋《にっそう》（中国大陸での修行）も経験、最新の土木技術の専門知識を持ち、職人や廻国の聖《ひじり》たちとの人脈を持つカリスマでした。そして、重源は行基に対するあこがれをもって仕事にあたったと言われています。この時代には、寺社の造営や修繕のために広く布施を集める経済活動は「勧進《かんじん》」と呼ばれ、あたり前になっていました。行基を語りながら寄付を募り関東を巡った重源配下の勧進聖《かんじんひじり》たちもいたことでしょう。そして、関東の古代寺院の中にも平安時代に始まった勧進活動で行基の名をご本尊の霊験を世に広めるために語っていたところもあったはずです。やがて、新設された観音巡礼コースを修行する僧たちもその信仰の担い手になったでしょう。中世はじめの関東には「行基」という先駆者への信仰が盛り上がっていたと考えられています。

丹沢山麓で、江戸時代に行基伝承を持っていた寺社を『新編相模国風土記稿』からピックアップしてみると、秦野市の蓑毛・柳川・三廻部・堀山下、伊勢原市の日向・上粕屋・石田、厚木市の旭町・飯山、愛川町の八菅周辺。山伏の活動が盛んだったエリアとも重なるのが興味深いところです。

温泉と薬師如来

日向薬師には熊野信仰と行基信仰が結びついた縁起が伝わっていました。原本は火事で焼失したそうですが、その二種類の写本が国立公文書館に現存しています。

日向山霊山寺は薬師如来がこの世にあらわれた霊場で、行基菩薩が開いたお寺である。行基菩薩が奈良を出て熊野に詣でる日、路上で一人のハンセン病（らい病）患者をお見かけになった。木陰に臥していて縁者の付き添いもない。身体の皮膚炎症をおこし、膿や血がにじみ出ている。一度これを見て慈悲の念が去らず自らその患者の所へ行って何日も看病された。身体を触りながら撫でて夜中も休むことが無かった。

これは、過去にながらく差別の対象にもなっていた感染症（または皮膚病）の患者と行基の出会いのシーンです。実は、行基が病人と出会って看病するというストーリーは、鎌倉時代の説話集『古今著聞集《ここんちょもんじゅう》』に載っているお話です。そして、その舞台は有馬温泉（兵庫県神戸市）でした。ところが。

熊野本宮湯峰温泉つぼ湯

行基菩薩はゆっくりとお話しになった。熊野の本宮に温泉があるという。神通力を持った仙人も沢山いるそうだ。どんな病気も治ってしまうらしい。どんな皮膚上の症状も一度入れば治らないものはいないそうだ。あなたはそこに行って温泉に入らなければ。

まるで熊野本宮湯峰温泉（和歌山県田辺市）の宣伝です。説話の中では「小栗判官《おぐりほうがん》」も生き返らせる湯峰温泉です。有馬温泉で生まれた行基説話のモチーフは熊野本宮へと場所を移し湯峰温泉の効能を宣伝する縁起として再構成されています。そして、この二つの温泉をつなぐ共通点は薬師如来です。

患者は答えました。長く病んでいたので力は衰え、貧しくて財産も底をついた。熊野本宮の温泉に行きたいとは長く願っていたが手だては全くなかった。行基はおっしゃいました。私は慈悲の心をもって人々を救済するためなら苦労もいとわない。そして、自らその人を背負って温泉に連れて行き湯に入れさせた。すると突然、病人は身体が変化して金色のなめらかな肌となり仏陀の目が現れ、行基の頭をなでて宣言した。東に向かって無限の世界を過ぎると浄瑠璃世界がある。私はその世界の主、薬師如来である。

薬師如来の登場です。

投げられる木の葉

現在の日向薬師は江戸時代の別当宝城坊が日向薬師宝城坊として国重要文化財の薬師堂に奉仕していらっしゃいます。江戸時代までの霊山寺には山内の最高職「別当」の他にも多くの坊があって様々な宗教者が薬師堂に奉仕していました。薬師堂の本尊薬師如来像のありがたさを説き人々の信仰心を高め檀那や参詣者を募るために、この縁起は必要不可欠のものです。薬師堂に奉仕する宗教者たちが外部に向けて発信する神話的テキストが縁起です。

薬師如来が行基に語りかけます。

たまたま汝を試そうと思ってハンセン病患者に変身して現れた。ところが、汝は朝夕看病して苦労とも思っていない。臭いけがれにも嫌な顔もしない。よくつとめたと言うしかない。汝にすすめよう。私の姿を写してこれを将来に残しなさい。そして、行基に樹の葉を与えて言った。この樹の葉を投げてこれが行きつく所、つまり汝が止まる所、そこが我が像があるべき場所である、と言い終わって姿は消えてしまった。

このストーリーの元ネタと言ってもいい『古今著聞集』に記載された有馬温泉の縁起でも、薬師如来像を造立する場所を選ぶために投げるのは「木の葉」です。面白いことに、行基、ハンセン病患者、温泉、薬師如来、木の葉、薬師堂というモチーフで構成された同様の縁起は東京都町田市にも伝わっています。薬師池で有名な野津田薬師の戦国時代の縁起です。そして、投げられる木の葉は日向薬師も野津田薬師もそろって「椿」「梅」「(白)檀」と詳細になっています(『相州大住郡日向薬師縁起』『普光山畧縁起』)。日向薬師の縁起に戻ります。

日向山の森から大山山頂を望む

行基が薬師如来に言われた通りに樹の葉を投げてみるとこの山（日向山）にとどまった。そこで、良材を求めて如来像を作りたいと思い山や沢を探してみたが手がかりがなかった。その時、二人の神人があらわれ数尺の香木を行基に授けて言った。これは昔、優填王《うでんのう》（初めて仏像を作ったという古代インドの王）がお釈迦様を敬い親しみ尊像を刻ませた余材である。石の箱に密閉してあったので腐ってもいない。あなたの誠心を感じて、特別に入手して運んできた。

今度は神の登場です。

薬師如来像の完成

二人の神様から特別な材を与えられた行基は喜びます。

行基は歓喜してこれを受け取り約束した。あなたがた二神の霊をここに祭り崇めます。末永く護って頂きたいと強く願い望みます。そして、二神の名を問いました。熊野権現である。白髭明神である。今、山門の左右の二社がこれである。

この二社は現在は一つに合祀され日向神社となっています。昔から日向山を護ってきた大事な神様です。

平安時代から鎌倉時代にかけて有馬温泉（兵庫県）を舞台に語られていた行基とハンセン病患者と温泉と薬師如来のお話は、舞台を熊野本宮湯峰温泉へと移し、最後には熊野権現と白髭明神が行基の手助けをするという新しい筋書きを展開させています。これは熊野と東国を頻繁に行き来していた熊《くま》野《の》先達《せんだつ》（山伏）や熊野比丘尼《くまのびくに》が熊野本宮から持ち込んだモチーフだと考えてそう外れていないと思います。日向薬師霊山寺にはかつて山伏の坊がたくさんあってその拠点となっていた時代があったのは確かなことです。

　野津田薬師（東京都町田市）の縁起では、材が見つからなかった時に優填《うでん》王《のう》の余材を持って来て行基を助けてくれるのは弁財天女と稲荷大明神です。山内に祭られていた大事な神様と行基の共同作業で薬師如来像が完成するというところも日向薬師の縁起と瓜二つです。

野津田薬師堂の森と薬師池

　有馬温泉、次に熊野本宮湯峰温泉で語られていたもともとの縁起は温泉の効能を宣伝するような内容でした。両所とも古代から現代に至るまで日本を代表する温泉です。しかし、日向薬師も野津田薬師も温泉地ではありません。熊野本宮から発信されたこのモチーフは東国に入り、薬師如来とともにそこで祭られている神々も行基のサポート役として重要な役割を担う編集がほどこされ、霊験あらたかな薬師如来像の生い立ちを語り伝えていたのです。

日向薬師のご本尊は鉈彫りで有名な国指定重要文化財、桂《かつら》材の一木造。野津田薬師のご本尊は欅《けやき》材の一木造、町田市指定文化財。ともに平安仏です。

第7章　中世の山伏と山の寺

戦う山伏

中世は「自力救済《じりききゅうさい》の時代」と言われています。豊臣秀吉、そして徳川家康の強力な全国統一政権が兵農分離と寺院の武装解除を進めるまで、紛争の解決のため、自分の所属する集団や組織を守るため、村の領主も村人もそして寺院の僧（山伏も含めて）も、中世の日本人が武器を持つことは決して珍しくありませんでした。当然、丹沢山地を修行場としていた山伏の武力も伝承や資料の中に垣間見ることができます。

戦国時代、甲斐の武田信玄が駿河国に攻め入って支配しようとした時に、駿河の今川氏真に娘を嫁がせていた北条氏康は今川氏を助けようと援軍を送り、ここから武田氏対北条氏の全面抗争が始まりました。武田信玄は駿河攻めを邪魔する北条氏の本拠地小田原を攻撃するという遠征作戦を実行に移します。

　永禄十二年（一五六九）、武田信玄の軍勢は碓氷峠（長野県・群馬県）を越え、北条氏の鉢形城（埼玉県寄居町）、滝山城（東京都八王子市）を攻略しながら南下し、ついに小田原城を包囲しました。しかし四日後には城下に火を放ち軍勢を引き上げます。撤退ルートは相模川沿いに北上して津久井経由で甲斐へ向かう複数の道筋です。途中、三増（愛川町）で起こった「三増合戦」（三増峠の戦い）は有名です。

　津久井の青根（相模原市緑区）には、「法印の首塚」という伝承地があります。青根を通過する武田軍を追撃し討死した日向薬師（伊勢原市）の山伏の首塚と伝わっています。一方、日向（伊勢原市）には、武田軍が撤退する際に北条軍と激突した三増合戦で、大泉坊「勝快法印」という人物が青根で討ち死にして八幡宮にまつられたという伝承があるそうです。勝快法印たちは、北条軍の別働隊として、峰入り修行で勝手知ったる丹沢縦走ルートを移動して武田軍との合戦に及んだのかもしれません。

法印の首塚（相模原市緑区青根）

江戸時代になると、寺院の僧が武器を持ち戦うことが完全に否定され、中世の戦う僧の姿は「僧兵」と呼ばれて仏道修行もせずに争い事を好むようなマイナスイメージが定着していきます。しかし、中世の時代には修行と武装は両方とも普通にありえる有様だったようです。

軍事勢力としての山の寺

中世の日本では、有力な領主層・武将は子弟を寺院に修行に出して別当や寺僧にさせることを行っていました。相模国で特に有名なのは、伊勢宗瑞（北条早雲）の末子で有力な武将でもあった幻庵宗哲です。箱根神社に残されている大永三年（一五二三）「筥根山東福寺三所大権現御宝殿」の棟札《むなふだ》（建物を建てる時に棟木に打ち付ける祈祷札）は、当時の別当海実とこの直後に別当に就任する「伊勢菊寿丸」（北条幻庵の幼名）との連名です。

この棟札には、大檀那である北条氏綱（伊勢菊寿丸の兄）に続くスポンサー衆の一員として、北条氏の重臣遠山直景の名前もあります。遠山氏は、直景の跡を継いだ綱景とその子隼人佑が、北条勢対里見勢の永禄七年第二次国府台合戦（一五六四）で討死した後、隼人佑の弟の政景が跡を継ぎますが、彼はその時まで大山寺の僧だったようです。尾張藩に伝わった藩士の家系図集『士林泝洄《しりんそかい》』には後に尾張藩士となった遠山氏の先祖として政景に「初為相州大山僧、父兄戦死後、依北条氏政命相続父領地、居江戸城」という説明が付されています。還俗《げんぞく》（出家の身から生活人に戻ること）前の政景のいた大山寺の院坊は不明ですが、山内の上層身分の僧として活動していたはずです。山岳修行を行っていた可能性も否定できません。

有力者が地域の有力寺院に子弟を送り込み修行させて僧にするのは、仏神の加護を積極的に祈願して一族として領国の安寧・戦勝祈願・凶徒退散・二世安楽などのご利益を受けようという宗教的な動機はもちろんですが、中世の山岳寺院は有力な軍事勢力でもあるので、その勢力を味方につけようという政治的な動機もあったと考えられます。

大山寺御師の佐藤中務家に伝わった系図では、この家は源義経に従ったことで有名な陸奥佐藤氏の継信・忠信兄弟の末裔となっています。その真偽はともかくとして、この系図には大山寺別当「桂祥」という人物が先祖の一人として記載されています。また、この佐藤家の先祖には、観応元年（一三五〇）に備中笠岡（岡山県）まで出陣して戦功を上げた「佐藤中務丞」という人物がいて足利尊氏から下された感状（戦功を賞して主君から与えられる文書）も伝わっています。この当時、すでに大山寺に住んでいたかどうかは不明ですが、大山寺の別当を務めるほどの家柄の僧が戦《いくさ》に出陣し活躍していても何ら不思議ではない時代です。古

大山寺院坊跡の平場（八大坊）

代から続く中世の大寺院（顕密寺院）では僧の妻帯は珍しいことではなく、その子孫が院坊を受け継ぐこともありました。

小田原北条氏の時代には、やはり大山寺の千代満坊が甲州武田勢との合戦勝利の祈祷を命じられたり、上杉謙信の小田原攻めに備えて山内の警護と兵糧の管理の徹底を命じられたりしています。千代満坊は江戸時代には山を下りて蓑毛の御師も兼職しその命令文書を伝えています。中世の時代には大山寺「児捨《じしゃ》」（侍者）という山内の上層身分だったと考えられる千代満坊も合戦では戦国大名と運命を共にしていました。

『北條五代記』の巻第八「北條家の軍に貝太鼓を用る事」に「すへて軍中にをいて士卒等遠近共にあまねく下知にしたかう事、貝太鼓の声にしくはなし、相模大山に学善坊と名付、山臥薩摩と号す、大貝一ツ持たり、此山臥より別に吹者なし、五十町へ聞ゆる、氏直出陣には大山寺より此山臥来り、旗本に有て貝吹、今もその子孫貝よく吹といふ」とある話は、山臥（山伏）も軍勢の構成員だったことを示す有名な逸話です。学善坊薩摩についての詳細は不明ですが、山の寺が軍事勢力の一端と

法螺貝と山伏（紀伊半島大峰）

して期待されていたのは確かです。

小田原玉瀧坊

戦国時代以降、江戸時代を通じて、現在の神奈川県地域（相模国・武蔵国南部）最大の都市だったのは小田原です。その小田原宿十九町の総鎮守が「松原明神」（現在の松原神社、『新編相模国風土記稿』には「しょうけんみょうじん」とふりがながふってあります）。小田原北条氏も特別に尊崇していた神様です。

この社《やしろ》の別当（組織の長官職）を務めていたのは先達「玉瀧坊《ぎょくりゅうぼう》」という本山派の山伏です。本山派の本山、聖護院（京都府）からは、相模国（八菅山をのぞく）・伊豆国・武蔵国南部で活動している山伏たちを支配する権限を与えられていました。この支配エリアのことを「霞《かすみ》」と言います。江戸時代は、玉瀧坊のように国単位の霞を持ち、大峰と葛城で行われる峰入り修行で中心的な役割を担う中間管理職的な山伏を「先達《せんだつ》」と呼んでいました。

この玉瀧坊が小田原を中心に南関東で大きな勢力を持つようになったのは、北条氏綱《うじつな》（早雲の嫡男、氏康の父）をはじめとする小田原城主の側近として重要な働きをしていたからだと指摘されています。北条氏綱は関白近衛尚通《ひさみち》の娘を後妻として迎えていましたが、当時の聖護院門跡《もんぜき》道増もこの近衛尚通の息子。北条氏の棟梁と全国山伏の棟梁は義理の兄弟という関係にありました。聖護院・玉瀧坊と北条氏は持ちつ持たれつの関係を築きながら南関東の支配を固めていったのです。小田原では、玉瀧坊の役目として小田原城惣曲輪《くるわ》の大掃除監督や奥州伊達氏や越後上杉氏との使者を務めていたことが記録に残っています。

『北条五代記』にはこんな逸話が載っています。

玉瀧坊《ぎょくりうぼう》という年寄り山伏から聞いた話だが、若い頃、その山伏は毎年大峰修行に登っていたそうだ。享禄元年（一五二八）、修行の後に堺の町に出てみたらひどく荒々しい音を聞いたので、何事かと聞いたら鉄砲という物だった。中国から伝わったものらしいが、とても不思議で奇特な物だと思ったので、この鉄砲を一挺買って持ち帰り、お屋形・北条氏綱公に進上した。氏綱公は鉄砲を撃たせてみて、これは関東には類なき宝だと秘蔵したという事だ。

また、江戸時代にはこんな小田原小唄を厚木の山伏が酒席で唄っています。

宮ノ小路ノ玉瀧房（坊）ハ親ノ代カラ玉瀧房デ親ガ玉瀧房ナラ子カ小玉瀧房トソレガ出来ズハ酒ノマシャンセ。（『游相日記』）

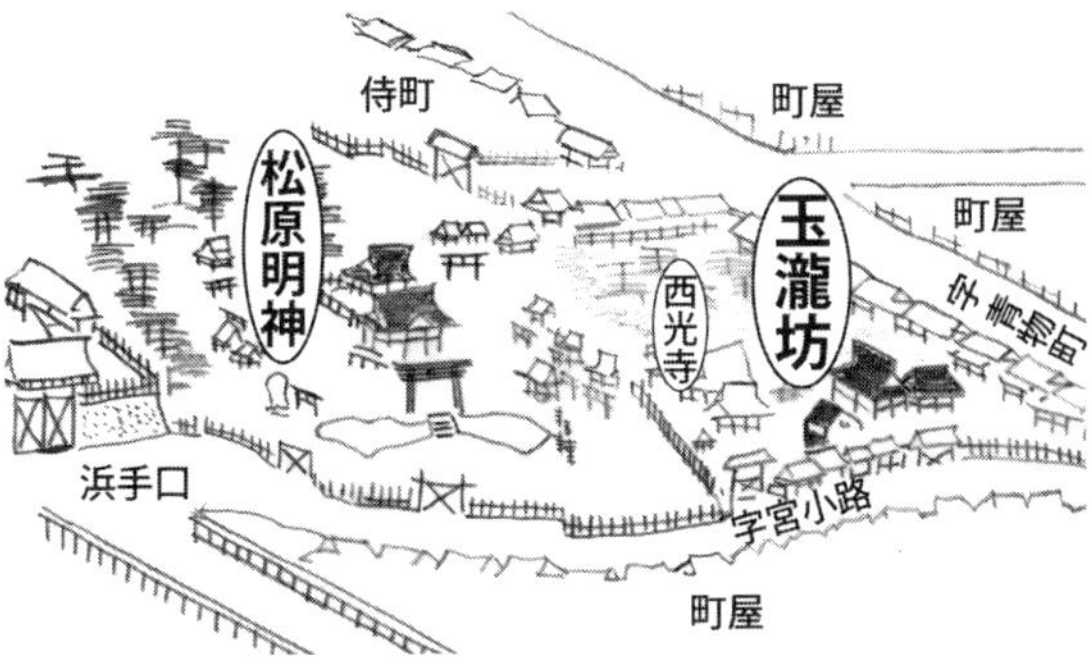

江戸時代の松原明神と玉瀧坊（『東海道分間延絵図』をもとに作成）

山伏のガイド仕事

古代・中世の山伏は一般に「先達《せんだつ》」と呼ばれるガイドでもありました。参詣者（檀那）を霊山・霊場まで案内する宗教的ガイドです。参詣という行為は一般人にとっても当時は修行でした。先達は道案内だけでなく出発前の物忌みの儀式から道中のさまざまな宗教儀礼を指導しながら目的地に向かいました。そのような参詣が全国規模でもっとも早くから行われた霊場が熊野三山（本宮・新宮・那智山、和歌山県）です。寛治四年（一〇九〇）に園城寺（三井寺、滋賀県大津市）の増誉《ぞうよ》が白河上皇の熊野御幸《ごこう》（参詣）の先達を務めて以来、熊野を拠点に大峰修行を行っていた山伏たちはこのガイド仕事に積極的に取り組んで五百年以上にわたり熊野参詣を支えました。いわゆる「蟻の熊野詣」です。

熊野では全国から参詣に来た檀那を先達から預かって宿泊と参拝案内のサービスを行う「御《お》師《し》」が生まれました。御師は「御祈祷師」を略したものと言われています。現在も全国でみられる宿坊の始まりです。後の伊勢詣りでは熊野との差別化を図るためか「おし」ではなく「おんし」と呼んでいます。御師は檀那との関係を権利と考えていました。そして、経済的に余裕のある御師が弱小御師からその権利を買い集めることも頻繁に行われました。檀那との関係は売買の対象だったのです。その帳簿や檀那の名簿が那智山にはたくさん残っていて全国の先達と檀那の様子がわかります。

丹沢周辺の山伏もこのガイド仕事に従事しています。例えば、室町時代、延徳三年（一四九一）

の頃「ヒナタ乗円坊」という先達が那智山まで檀那を連れて行っていたことがわかります。日向山伏ではないでしょうか。また大山の「備後律師」も文明から天文の頃（十五世紀後半〜十六世紀前半）に門弟も使ってやはり先達業務を行っていたようです。大山寺の山伏でしょう。同じ頃、八菅山の「山本坊」と「覚養坊」も先達でした。山本坊の場合は荻野（厚木市）の人々を檀那として熊野まで案内していたこともわかっています。両坊は江戸時代には山本院・覚養院と「院」名へと格上げしています。当時、那智山に参詣に行っていた人々は本宮や新宮にも足を運んでいたと思います。

ところで、室町時代になると、熊野参詣の先達のほとんどは、鎌倉、懐島（茅ヶ崎市）、平塚、小田原など比較的人口の多い都市部や農村部に拠点を置く山伏でした。山岳寺院の構成員として峰入り修行の山と儀礼を持っていた山伏の姿は次第に少数派になっていったのです。

那智の滝（和歌山県那智勝浦町）

「相模国大山修験道、近年乱候」

「修験道《しゅげんどう》」という言葉が生まれたのは中世のお寺の中です。釈迦の教えである目に見える経典にもとづく「顕教」の修行、手に印を結び口に真言をとなえ即身成仏を目指す「密教」の修行、さらに第三の修行として山岳修行がその頃の日本仏教の中ではっきりと認知されたのだと考えられています。現在では、日本を代表する一宗教体系として「修験道」が注目されています。

さて、丹沢周辺で、この「修験道」という言葉が使われた面白い古文書があります。京都の住心院（本山修験宗）に伝わった文書で、聖護院門跡 興意親王《こういしんのう》の意向を勝仙院（後の住心院の前身）に伝えた手紙です。

相模国大山修験道が近年乱れていて、大峰修行にやって来るものが全然いない。その上、聖護院へ挨拶にもやって来ない。しからば、本山修験のおきてに従って厳しく通達せよ、と御門跡がおっしゃっています。大山の件は勝仙院殿にお任せしている状態なので、御門跡のご意向をくんで厳しく命令して下さい。

（年不詳）三月廿一日

勝仙院殿

相模国大山修験道とは、まさに大山の山伏集団を指しています。当時は大山全体が大山寺という一山組織です。その中に京都にまで聞こえた山伏集団がいたことがわかります。しかも、彼らは天台宗寺門派の聖護院を本山と仰ぐ本山修験です。大山門前町で、わずかながらも江戸時代の終わりまで続いた修験の院坊も住心院の霞下《かすみした》でした。住心院の前身は勝仙院、本山修験の中で聖護院に次ぐ寺格を持っていました。

この文書は、慶長十四年（一六〇九）頃のものに違いありません。大山寺大変革の真最中です。江戸幕府が開かれ新しい宗教政策の嵐が大山にも吹き荒れていた頃、大山を真言宗の妻帯していない僧侶の山へ改造する政策が強行されました。つまり、山内に家族で居住する山伏や僧や俗人を締め出しその権益を奪うのです。何度も山内に新しい掟が出され、前不動（現在の追分社、八意思兼神社、男坂と女坂が分かれる所）に時間制限（午後四時〜午前八時）の女人結界まで設けられました。大山から締め出されそうになっている山伏集団に、大峰修行や京都への挨拶に出向く余裕はなかったはずです。

当時、大山の混乱している状況は、京都の聖護院まで詳しく伝わっていなかったのでしょうか。その聖護院自体も実は大きな節目を迎えていて、

前不動の跡地「追分」。ここで右へ登る「本坂」（今の男坂）と左へ登る「来迎坂」（今の女坂）が分かれる

余裕のない状態だったかもしれません。

　大山の山伏たちを叱れと命令を出している聖護院門跡興意親王は後陽成天皇の弟です。大峰初入峰は慶長三年（一五九八）。当時の全国山伏の棟梁です。しかし、興意親王の門跡在任中に、もう一人の山伏の棟梁が生まれようとしていました。聖護院の支配を嫌った畿内の山伏仲間が、醍醐寺三宝院（真言宗）門跡の義演《ぎえん》を棟梁に仰ぎ結集したのです。これが、江戸時代を通じて、本山派と勢力を二分することになる当山派です。その後、興意親王は、日本史上の重大事件にも巻き込まれます。実は、豊臣秀吉の建立した方広寺大仏殿の責任者として、鐘銘に記された「国家安康」「君臣豊楽」の句で徳川家康が呪詛を疑ったあの言い掛かり事件でとばっちりを受けるのです（慶長十九年）。

方広寺（京都市東山区）の鐘銘

　大山対策の命令を受けた方の時の勝仙院住持は澄存《ちょうぞん》の頃です。両親ともに有名な戦国大名の家系です。父は今川氏真、母は北条氏康の娘 早川殿（蔵春院）。大峰修行は三十三度を超え、両峰（大峰と葛城）修行七十五度。澄存の時代、勝仙院は本山派修験の中で最大の霞《かすみ》（山伏支配の領域）を掌握していました。澄存は修行を積んだ山伏として知られていたようで、皇室・摂関家・公家衆・将軍家・全国の大名衆を檀那（施主）として入峰中の採燈護摩を修行し祈祷を行う実力者でした。今川家も北条家も戦国大名としては滅んでいましたが、その後裔《こうえい》は山伏として天下に名をとどろかせていました。ただ、先代の勝仙院住持の増堅《ぞうけん》もまだ存命で、隠居の身ながら、現役の山伏として興意親王の側近として活動することもあったらしく、この手紙が先代宛だった可能性も指摘されています。

大山の動向には、徳川家康政権はもちろん、親王門跡、山伏の実力者、高野山の学侶方《がくりょがた》（高野山内の三つの身分のうち行人方・聖方とならぶ一つ）の支配権強化と真言宗教団改革を強行に進めていた遍照光院頼慶《らいけい》など、山外の様々な人々の思惑もからんでいました。その後、数十年を経て大山の山伏集団はほぼ解体され、追放を免れた人々は山麓の住人となり大山町（伊勢原市）と蓑毛（秦野市）という二つの門前町を形成し、「御師」として大山信仰の流行を担ったと言われています。

第8章　江戸時代の丹沢の縦走記録

『黒尊仏山方之事』

江戸時代の文化二年（一八〇五）、秦野の大倉から丹沢の尾根筋を歩く修行に参加した人物がいます。この時の記録が古文書として残っていました。この記録を書き残したのは大山寺の御師《おし》。発見したのは、伊勢原の大山町にかかわる古文書を長年研究されている川島敏郎氏です。川島氏はこの古文書『黒尊仏山方之事』の写しを郵送して下さいました。『大山詣り』（有隣堂）の著者です。今回は、この『黒尊仏山方之事』を現代文にして読みながら歩いてみましょう。

まず、堀村（秦野市堀山下）の大倉という所へ行ってここ

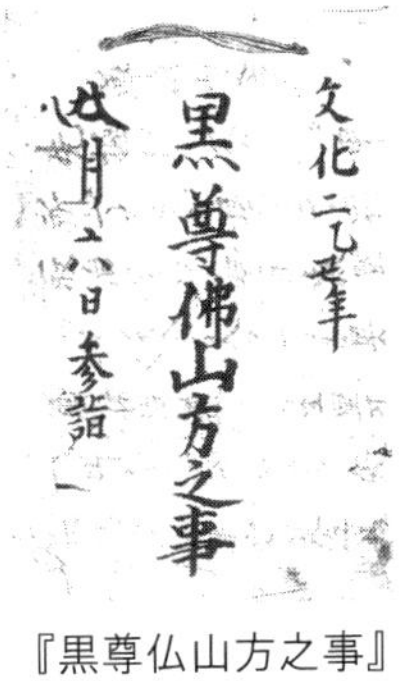

『黒尊仏山方之事』

に宿泊すべし。翌日は高山への登山。大倉から奥尊仏（尊仏岩があった塔ノ岳の北斜面）までの道のりは一里二十八町（約七キロメートル）。大倉から一里（四キロメートル）登って観音像がある。ここから先は馬返し（駒止茶屋のあたり）と言われている。ここまでは馬も登ってくる。またここから十一～十二町（約一二〇〇メートル）登ると前尊仏（花立山荘階段下の大きな岩か）がある。ここまではかや（茅）野でずいぶん良い道である。ここからは少し難所で、またスゞ野（スズタケが茂る斜面）の所もある。この先に大木がある。木タチ（塔ノ岳と鍋割山への分岐がある金冷やしのあたり）である。

この大山寺御師とは、佐藤朝英。御師としては大山寺御師脇坊二十四坊の一坊佐藤織部。御師は、江戸時代に大流行した大山参りの登山ガイドと宿坊を務める宗教者です。しかし今回の登山は御師として

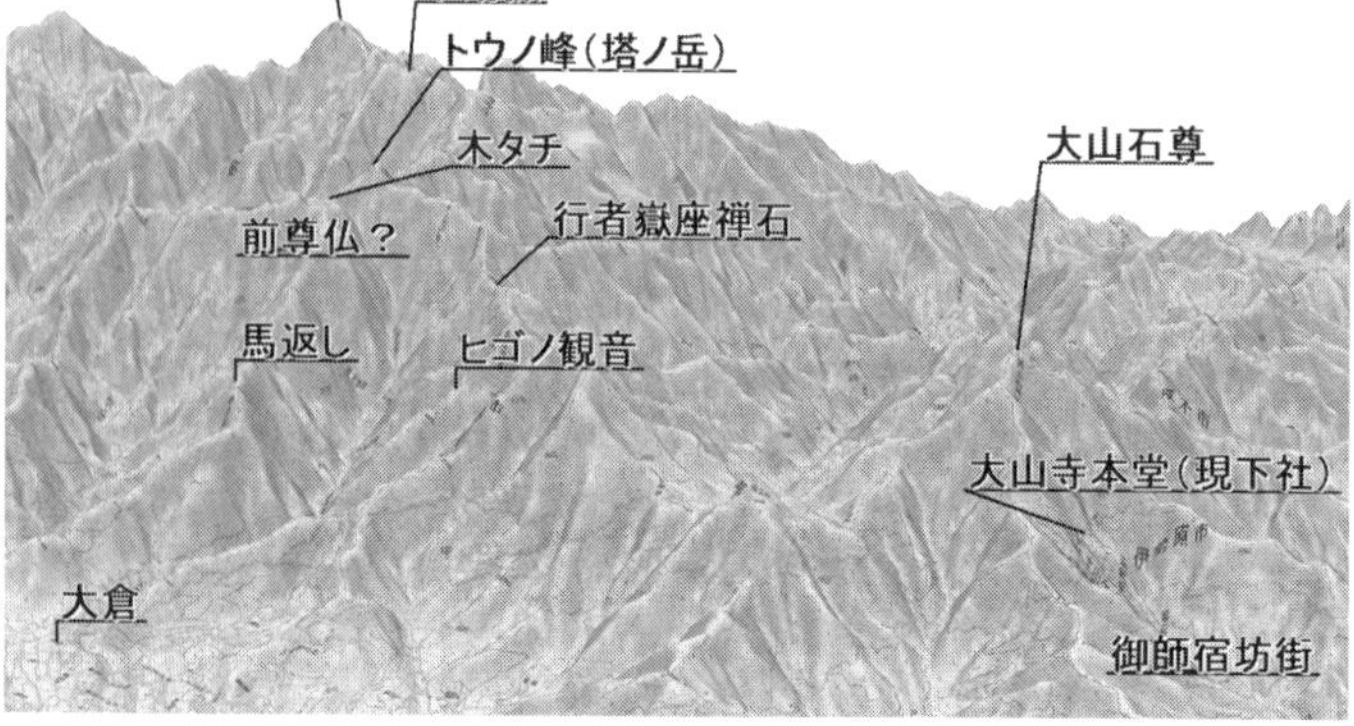

『黒尊仏山方之事』の参詣コース（二宮駅上空4500メートルから）

の仕事や活動ではなく案内人に連れられた一般人としての参詣登山です。この日は、大山参り（七月十七日まで）も夏の暑さも一段落した八月六日（今の暦ならば九月上旬）でした。さて、参詣の目的地はいったいどこだったのでしょうか。

尊仏岩

明治二十一年（一八八八）に測量された大日本帝国陸軍陸地測量部二万分一地形図「塔嶽」の塔ノ岳山頂周辺は現在とは少し様子が違います。大倉から登ってきた尾根道は標高一三七〇㍍の金冷やしの少し先で二手に分かれ、一方は山頂へ、もう一方は左にまいて北側斜面に向かっています。地形図では北側斜面の標高一四二〇㍍のあたりに「孫仏」と表記されています。今は崩落のため道は消滅しましたが、これこそ『黒尊仏山方之事』の筆者も歩いた道です。

まず尊仏嶽は奥の方にあって、とても足場が悪い。崖である。この場所に高さが二丈五尺ほど（約七㍍六〇㌢）の高い岩がある。これを黒尊仏と言う。また、この下の右の方に一丈ほど（約三㍍）の高い岩が並んである。尊仏岩の下には長さが一尺ほど（約三〇㌢）の大日尊像がある。この大日尊がお迎えなさっている方角は少し丑（北北東）の方である。

こののち百年以上にわたって、山麓の秦野盆地や玄倉（山北町）の村人たちが様々な祈願をこめて登拝群参した有名な「尊仏」（孫仏、黒尊仏、狗留孫仏）の当時の様子です。関東大震災で尊仏岩が崩落し尊仏参りが途絶えるまで、この道は多くの人に利用されていました。高く屹立《きつりつ》する岩を釈迦の過去仏（釈迦以前に悟りを開いたブッダ）「狗留孫仏《くるそんぶつ》」に見立てる信仰は全国に見られます。各地を渡り歩いて修行していた中世の山伏たちがその信仰を伝えたのかも知れません。

さて、しかし参詣の最終目的地はここではありません。まだ先に行きます。

ここから右へ尾根道伝いに不動嶽へ参るべし。この道は尊仏から不動嶽までおよそ二里（約七・八キロメートル?）である（体感距離としてよほど長く感じられたのでしょう）。この道はいたって難所である。ここからスゞ野の中をかき分け歩く。スズタケがとても茂っていて藪のようだ。スズタケの高さが自分の背丈よりも二尺ほど（約六〇センチ）も高い所を通っていく。細い道のある所もあり、または道らしき所をかき分けてスゞ野の中を登るべし。

スズタケの藪は、今や異常に増え過ぎた鹿に食べられて様相が変わってしまったようです。背の高いスズタケが一面に茂っていた丹沢の様子が伝わってきます。

尊仏岩あと

不動嶽

文化二年（一八〇五）、塔ノ岳から始まる丹沢山地主脈縦走の記録。タイトルは『黒尊仏山方之事』ですが、目的地は「黒尊仏山」ではなく、その奥の方にありました。

尊仏岩から道のりを半分ほども行くと瀧口という所がある。ここから南の山一つ超えた向こうに大山石尊が見えるのである。瀧口という所はとても景色が良い場所だ。

筆者は大山御師です。今まで見たことが無い角度から石尊権現を祭る大山の姿を拝んだ瞬間の感動をこの短い文章から感じるような気がします。ところで、この「瀧口」とはいったいどこでしょう。景色がよく大山も見える所と言えば、竜ヶ馬場が考えられます。ただ「瀧口」とは、普通は滝の下り口や登り口の地名です。以前、丹沢山みやま山荘に宿泊した折、小屋番が旧知の方だったので、この『黒尊仏山方之事』を紹介し「瀧口」について聞いてみました。渓流釣りにも通じた山男、もしやと思いましたが、大きな滝は存在しないとのこと。東側のキュウハ沢や西側の箒杉沢にかつて滝があったのでしょうか。

またここから尾根伝いに登ったり下ったりでとても難所である。またこの先も同じようにスズダケが生えている中を進んで行く。あるいは草をかき分け道も無い所を通るべし。ほどなく不動嶽へ到着する。不動嶽はとても平らな所だ。周りを見回すと芝草の所もある。また草深い所もあるしスズタケの生えるスゞ野の所もある。とても凄まじいほどの大木がある。また、まるで天狗のお遊び所のようにも見える。九尺（約三メートル弱）四方ぐらいのとても奇麗な所が二か所ほどある。とてもすごい所もある。まず不動尊が鎮座している所は左の方に窪みがあって九重に紅葉した大木がある。この下に長さ一尺ほどの不動尊がこの場をお守りになっている。不動尊がお迎えなさっている方角は未申（西南）の方である。時に年号は貞治三年（一三六四）三月二八日である。今から四百四十三年前（正確には四百四十一年前？）である。

十九世紀はじめの不動ノ平（不動ノ峰手前の平場）の様子です。

竜ヶ馬場から見た大山

薬師嶽

文化二年（一八〇五）の丹沢縦走記録はまだ続きます。

不動嶽から薬師嶽までの道のりは一里半（約六キロメートル？ここも体感距離が長く感じられたのでしょう）、不動嶽から一町（約一〇〇メートル）ほど行くと不動坂といういう坂がある。ここからは難所である。今まで通りスヾ野（スズタケが茂る斜面）もあり、または草がはげている、あるいはアラシ（急斜面）も二三箇ヶ所もある。ここを通るべし。きわめて難所の急斜面がある。この急斜面にとても景色の良い場所が所々にある。この急斜面から西に薬師嶽が見えてくる。ほど遠く一里（約四キロ㍍）もあるように感じられる。すさまじく高い。黒々として恐ろしい山だ。

「薬師嶽」とは最高峰の蛭ヶ岳（一六七三㍍）です。蛭ヶ岳に向かってアップダウンを繰り返していきます。そして、初めて間近に見た蛭ヶ岳は「スザマシク高キ事也、山黒クロトシテオソロシキ山」でありました。

ここから段々とこの急斜面を下って、目の前の薬師嶽に登り直すべし。ほどなく薬師嶽に到着する。この山頂はいたって平らな所で広くて奥がわからない。ここはほんとにすごい。薬師如来がお守りになっている所はここから左の方へと細い道を行った南の端である。薬師如来像の後ろには古木があって、前には急斜面、そして西南の方向を一望に見晴らすことができる。まことに美しい景色である。そして、薬師如来は尊仏岩と正面から向かい合っているのである。薬師如来がお迎えになっている方角は辰巳（南東）の方である。ここからはるか向こうに尊仏岩が南の方に見えている。ここから尊仏へ帰るべし。

この参詣登山の目的地は蛭ヶ岳とその山頂に祭られていた薬師如来だったのです。尊仏岩と真正面に向き合う蛭ヶ岳の薬師如来像、この二か所をつなぐ尾根道を縦走する山岳修行です。一九世紀のはじめ、大倉（秦野市堀山下）を起点に、昔ながらの山伏集団の峰入りとは少し様相が違う新しい修行が始まっていたようです。この修行は幕末から明治の頃になると講（修行者や参詣者のグループ）も組織され、多くの石造物が山中に奉納されました。大正時代には複数の薬師如来像がはじめにご紹介した武田久吉氏によって撮影されています。ただし、現在は一つも残っていません。武田久吉氏は幕末から明治期の英国外交官アーネスト・サトウの次男です。

トウノ峯

この修行は、まるで山野を走るトレイルランのようなハイペースで移動しています。中世以来の山伏の峰入り修行では、山中の「宿」を拠点に、腰を据えて、勤行、採灯護摩《さいとうごま》、肉体的苦行などを時間をかけて行っていました。山中の神仏を巡礼する修行であることは同じですが、だいぶ様相が違います。しかも、現代のように道が整備されている訳ではない状況下の行動です。

尊仏岩から三丁（約三〇〇メートル）ほど登れば、トウノ峰という山がある。ここには高さが一尺五寸（約四五センチ）ぐらいの石塔がある。

不動ノ峰から蛭ヶ岳への尾根筋

「トウノ峰」とはまさしく現在の塔ノ岳（一四九一㍍）です。「薬師嶽」（蛭ヶ岳）からの帰路に初めて塔ノ岳山頂に登っています。大倉から登って来た時には山頂には行かずに左回りに北斜面の尊仏岩を目指し、そこから奥の尾根道へ出ていました。ここで目撃されている「石塔」は日向山霊山寺の山伏が「弥陀薬師ノ塔」と書き残しているものでしょう。塔ノ岳の「塔」とはこの石塔に由来しているようです。ところが、尊仏参りが盛んになると尊仏岩を「お塔」と呼ぶ人々が増えてきたようです。尊仏岩が塔ノ岳の山名の語源として語られ始めると登拝する人々は納得したでしょう。ただし、江戸時代の修行者の記録では尊仏岩を「塔」とは誰も呼んでいません。

さて、ここで山伏の話が出てきます。

この場所で、堀村の修験者（山伏）たちが修行をしている。三月二十三日には採灯護摩修行を行う。トウノ峰には修行場の台があって、普段は修行が終わると焼き捨てている。

塔ノ岳山頂には護摩壇があったようです。「堀村」というのは堀川・堀斎藤・堀沼代・堀山下の四ヶ村（秦野市）の総称です。中世期には「堀郷」と呼ばれるまとまった地

秦野市堀西から見た塔ノ岳と丹沢表尾根

城で、江戸時代には四つに分村していました。ここには城光院・城入院・円覚院という、古い修験寺院がありました。いずれも堀山下村です。京都聖護院を本山と仰ぐ本山派で、小田原の玉瀧坊の霞《かすみ》下です。やはり塔ノ岳を修行場としていた日向山霊山寺の本山派の山伏たちは三月二十七日に山頂と尊仏岩で修行をしました（『峯中記略扣』）。お互いの修行のことは当然知っていたはずです。今の暦で四月末から五月のはじめ。山伏の春の修行は新緑の芽吹きとともに行われました。

丹沢縦走の感想と注意書き

山を下ります。

ここからは、（まっすぐ下りずに）下の向こうの道に廻る。一里（約四キロ㍍）ほど廻ることになる。この下の向こうの道に行者嶽座禅石という参詣所がある。これから下山してもとの宿に帰って泊まる。以上、まず一度は参詣すべき所である。聞いただけの話とは全く違うのだから。とにかく恐るべし、恐るべし、恐るべしなのだ。

帰路は表尾根コースです。「行者嶽座禅石」とは、役行者像のあった行者ヶ岳（一一八〇㍍）に違いありません。日向山霊山寺の山伏たちだけでなく、他の修行者にとっても参詣所となっていたことがわかります。下山ルートは烏尾尾根を下り、途中、標高八〇〇㍍ぐらいからヒゴノ沢の方へ蛇行して下るかつて存在した道（十三曲）のようです。明治時代の陸地測量部の地形図ではこの道以外に下山路がありません。この鳥尾尾根には文化七年（一八一〇）の道しるべ馬頭観音（ヒゴノ観音）があって「是方　丹沢御林　拘留そん仏　みち」と記されています。「横野邑中」とあるので、横野村（秦野市横野）の人々が幕府直轄林「丹沢山御林《たんざわやまおはやし》」の管理業務に行き来していた道でもあったのでしょう。文化二年のこの参詣縦走はこの馬頭観音像が建てられるよりも五年前のことです。

以上、大倉～蛭ヶ岳のピストン日帰り山行。まだ塔ノ岳～蛭ヶ岳間はほとんど道も無い時代の冒険です。感動と充実感が短い文章に表われているようです。恐るべき丹沢縦走だったのです。

最後に注意書きがあります。

身支度の注意書き

一、道中差のまま三尺手拭で締める事、手甲も締める事？
（原文：タチ之ママ　ニテ　サン尺　テモ　シメル事）

一、ケガ対策を準備する事

行者ヶ岳と鎖場

一、股引を着用する事
一、裏のある草鞋掛足袋をはく事
一、中食はたくさん持つ事。これが一番大事
一、案内人を頼む事
一、水筒で水を持つ事
一、他に余計なものを持たない事
一、もし山麓に宿泊し、山を知っている人が居たならば、よく相談して、その人を頼りに登るべき事？
（原文：若山際ニ泊存ヨリ有之候得者、□□ヨクカケアイ申シ、ソノ存ヨリニテ登ヘキ事也）
文化二乙丑年八月六日　登山仕り候
相模国大住郡大山住人
佐藤氏藤原朝英
参詣仕り之を書き印す。
一番大事なのは、食料だそうです。
十九世紀はじめ、丹沢を縦走する健脚たちの姿は、山伏に加えて、様々な階層の人々へと広がり始めていました。

第9章　丹沢山麓を訪れた山伏の記録

聖護院門跡道興『廻国雑記』

丹沢山地を修行エリアとする山伏衆がいた大山寺・八菅光勝寺・日向霊山寺は、畿内の本山クラスの寺院にも注目されていたようです。「門跡《もんぜき》」とよばれる高貴な身分の人物も直接訪れた記録がいくつかあります。「門跡」とは皇子・貴族などが住職を務める特定の寺院とその住職そのものを意味します。

まず、戦国時代のはじめ頃、文明十八年（一四八六）の冬、聖護院門跡道興が子易（伊勢原市）から大山寺に登山宿泊して、翌日は日向霊山寺に宿泊しています。この夏、すぐ近くの糟谷の上杉館（伊勢原市）で太田道灌が主君の扇谷上杉定正（相模国守護）に暗殺されていますが、相模国内ではおそらくその上杉定正が道興の通行の安全を保障していたのではないでしょうか。道興は関白太政大臣近衛房嗣の子で弟政家も関白太政大臣です。「准三宮《じゅさんぐう》」という最高位の称号を受け、三井寺長吏という天台宗寺門派の最高位や将軍家の護持僧も務めた僧であり山伏です。応仁の乱の時代ながら、修験者としては、那智滝一千日参籠、大峰修行、西国巡礼といった苦行もこなし、東国を巡って『廻国雑記』という紀行歌文集を書き残していることで有名です。そしてこの旅は、聖護院という権威を東国の在地山伏に印象付け関係を強化しようという意図があったと考えられています。

道興がこの旅に出発したのは五十七歳の時です。聖護院を出立したのは六月十六日、それから北陸・信濃・関東一円・奥州を廻って、名取（宮城県）で聖護院放火の知らせを聞き京都へ急ぎ戻ったのが翌年の五月です。道興は相模国に三度足を踏み入れています。一度目は一年目の夏、房総半島の鋸山（千葉県鋸南町）のあたりから舟で三浦半島に渡り鎌倉。二度目は秋、川崎・横浜方面から相模に入り、鎌倉・藤沢・大磯・小田原・箱根で多くの歌を詠みながら三島へ向かいました。そして三度目が冬です。富士から足柄山を越えて「鞠子川」（酒匂川）を渡り「蓑笠の森」（中井町井ノ口）で法施（神仏に経文を唱え捧げること）、途

「蓑笠の森」（中井町井ノ口蓑笠神社）

中ルートはわかりませんが、子易と大山の境「ふたつはし」を過ぎ歌を詠み、

　おほつかな、流れもわけぬ川水に
　　かけ並べたるふたつ橋かな

夜は大山寺に宿泊。「寒い夜で寝られず、ものさびしさの余り」漢詩と和歌を詠んでいます。

　蓑笠何堪雪後峰　山隈無舎倚孤松
　　可憐半夜還郷夢　一杵安驚古寺鐘

わが方をしきしのべとも　夢路さへ
　　適ひかねたる雪のさむしろ

翌日は日向霊山寺に下り、

　釈尊のすみかと思ふ霊山に
　　薬師佛もあひやどりせり

と詠んでいます。「霊山」とは法華経で「釈尊」（釈迦）が説法を行った霊鷲山に由来する名称なので、本尊が釈迦如来かと思ったら「薬師仏」だったという意味の歌です。夜は「日向寺」という「山寺」に一宿して、

　山陰や雪気の雲に風さえて

「ふたつはし」（二つ橋、伊勢原市）

名のみ日なたときくも頼まず

というユーモアのある歌も詠んでいます。この日向寺とは霊山寺内の院坊の一つを指しているのでしょう。翌日、道興は小野（厚木市小野）を経由して熊野堂（現在は厚木市旭町の熊野神社、洪水被害により移転の伝えあり）へ、そこから武蔵国を目指し北へ向かいました。
道興は八菅へは足を運んでいません。その当時の八菅が戦乱によって一時的に荒廃していたのか、それとも修験者の集団がまだ成熟していなかったのか、謎の一つです。

聖護院門跡道増の碑伝

相模国から扇谷上杉氏・山内上杉氏の勢力を駆逐し三浦氏も滅ぼした伊勢宗瑞（北条早雲）に始まる小田原北条氏の時代、当時の聖護院門跡道増は相模国と深い関係を築きます。八菅神社には、その道増が来訪した時に建てられた記念碑のような高さ二《メートル》余りの碑伝が残されています。現在ではそこに記された碑文はほとんど判読不能ですが、かつて筆写された文章が記録されています（『相州八菅山書上』）。

大峯葛嶺先達熊野三山検校役君末葉八菅山順禮
唵　天文廿一年三月廿九日
天台園城傳法智證正嫡聖護院准三宮道増　臈三十八歳四十五

道増は大峰修行も三度入峰していることがわかっています。そして、「葛嶺」つまり葛城入峰修行もこなし、熊野三山検校、「役君」（役行者）以来の修験の伝統を受け継ぎ天台宗寺門派（園城寺・三井寺）の正統の後継者の大僧正、准三宮であり、当時は出家してから三十八年目、年齢は四十五歳。

この道増も、父は関白太政大臣近衛尚通、兄の稙家も関白太政大臣、姪は将軍足利義輝の正室。しかも、姉妹には北条氏綱の後室近衛殿がいました。天文二十年（一五五一）から天文二十一年（一五五二）にかけて、この道増は、関東・奥州の有力山伏たちのそれぞれの「霞《かすみ》」（地域山伏衆の支配権）や、先達として檀那（檀家）を伊勢熊野参詣へ案内する権限を安堵《あんど》（保証・承認）しています。また、将軍足利義輝の地方交渉役として陸奥伊達家の紛争調停などの活動も行っています。

この道増の来山という事件は八菅の山伏たちにとってはまるで神話のように後世まで語り継がれることになります。文政九年（一八二六）『相州八菅山書上』の中では、道増は皇族の「聖護院宮道増親王」という伝説的貴人として扱われています。そして、来山時に

現在の八菅山遠望（奥に見えるピークは八菅山伏の行所「経ヶ岳」）

仮の御殿を建てた土地は「神酒園（ミソノ）」の「御殿屋舗」です。また、宝喜院には道増から拝領した「御染筆御連歌色紙」が伝来していましたし、東向院では道増来山時に二人の子供に「常陸」「大隅」という名前を拝領して以来「附弟弟子」にはそれを名付ける伝統が受け継がれていました。

江戸時代になると、聖護院門跡は天皇家出身の親王が代々務めていました。八菅山伏の中では、全国の本山派山伏の棟梁は天皇家出身の宮さまで、その直末寺院の八菅山光勝寺は別格で並の寺院ではないのだという強い意識がここに現れているように思います。

野田泉光院『日本九峰修行日記』

江戸時代の後期、文化十四年（一八一七）五月、泉光院という一人の山伏が丹沢山麓を訪ねています。名は野田成亮。薩摩藩の支藩日向佐土原藩（宮崎県）安宮寺の住職でした。当山派の修験寺です。当山派は、興福寺（奈良県）の末寺を中心とする畿内寺院内の山伏仲間「当山方大峰正大先達衆」が慶長年間（一五九六〜一六一五）に醍醐寺三宝院門跡を棟梁と仰いで成立した真言宗系の宗派です。江戸時代には聖護院を頂点とする天台宗系本山派と勢力を二分していました。

泉光院は大峰入峰三十七度、そのうち奥駈も十三度を修行した大先達です。住職をつとめる安宮寺は藩主島津家の祈祷寺で、醍醐寺三宝院直末《じきまつ》として多くの末寺・山伏を配下に従えていました。野田という苗字を名乗っているように島津家家臣としての立場もあったようです。居合・弓・柔術・棒術の達人で、武術の師範をつとめることもあったそうです。四書五経・漢詩・和歌・俳句・茶道・立花と教養も人並み外れていました。

文化九年（一八一二）九月、当時五十七歳の泉光院は全国の霊山・霊場を巡る回国修行の旅に出ます。しかも托鉢をしながらの乞食《こつじき》（僧が人家の門に立ち、食を乞いもとめること）修行です。この六年間の日々を綴ったのが『日本九峰修行日記』です。

文化十四年五月十四日、雨天、星谷寺（星の谷観音、座間市）門前の宿を出立。午前八時。昨日通った厚木という宿へ出て、坂東札所飯山寺（飯山観音、厚木市）へ詣で納経する。石段を登ること三丁（一丁＝約一〇九メートル）。本堂は五間四面で一宇、東向きである。寺（僧の住坊、別当長谷寺如意輪院）は一ヶ寺。仁王門前に茶屋が一軒ある。そこから日向の薬師（日向薬師、伊勢原市）という霊場へ詣でる。山の手を十八丁登るとまた石段が三丁。本堂は十二間四面、南向き

伊勢原市日向の道しるべ庚申塔「右いい山　左やくし　道」

である。寺（別当宝城坊）は一ヶ寺。森の御殿（聖護院）末の修験寺である。だから神変菩薩（役行者）堂がある。納経する。雨天のため門前に宿泊する。

まず、泉光院はここで明らかに勘違いをしています。日向山霊山寺所属の山伏が本山派だったことは確かですが、別当の宝城坊は修験寺ではなく高野山真言宗です。山伏たちの住坊は薬師堂境内ではなく山麓の坊中にありました。ただ、泉光院が一目で修験寺だと判断してしまうほどの風情が日向薬師周辺に漂っていたことは確かでしょう。それと、建物のサイズは、寺社建築では普通は柱間を数えるので、現存している飯山寺観音堂は確かに五間四方ですが、日向薬師堂は桁行七間梁間五間です。日向薬師堂は平成の大修理を経て現存する国重要文化財ですが、泉光院は長さ（一間＝約一・八メートル）で客観的なサイズを記録しているようです。

泉光院が見た大山と山麓の様子

泉光院は次に大山に向かいます。

文化十四年（一八一七）五月十五日、霧の天、日向山を出立。午前七時。一の澤山（浄発願寺、伊勢原市）という寺に詣でる。この寺は東叡山（上野寛永寺）末寺で常に念仏が唱えられている。本堂は八間四面、南向きである。寺（僧の住坊）は一ヶ寺。そこから奥の院へ一丁登る。開山上人の籠もり岩屋、自然石、出山《しゅっせん》の釈迦像などがある。そこからまた山に登り一里半、大山不動（現在の阿夫利神社下社の場所）に詣でて納経する。本堂は八間四面で、東向き。仁王門がある。この山は霊地であり参詣の人が多い。老若男女が毎日百人ほどである。諸堂諸社ならびに寺中《じちゅう》（子院・坊）が多い。門前で菖蒲団子というものを売っていて、参詣者がそれを買って数十匹の犬に食わせている。本堂の南脇から石尊（山頂）へ登る道があるが、まだ山開きの時期ではないので、我々は登ることができずに残念である。そこから三十丁の下り道がある。この道は小田原本街道である。尾尻村（秦野市）というところで日が暮れたので、釈迦堂という三階建てで五間四面の堂のある寺（寿徳寺）に宿泊した。

泉光院は強力《ごうりき》（山伏の下男）の平四郎とともに時には托鉢や宿泊の際に別行動をとりながら回国修行をしています。

五月に入る頃、泉光院は江戸佐土原藩邸で殿様をはじめ藩の人々と交流しながら時を過ごしていました。江戸出立は七日。東海道を下り江ノ島・藤沢を巡って相模一ノ宮（寒川町）に納経し、相模川を渡って次に相模四ノ宮（平塚市）まで来て平四郎と行程上の意見の相違があったようです。平四郎は二ノ宮（二宮町）・三ノ宮（伊

「開山上人の籠もり岩屋」と友人シモン・ピエール（伊勢原市浄発願寺奥の院岩屋）

勢原市）と順番に詣でないことが不満でしたが泉光院は「我返答せず」と記しています。

丹沢山麓を通過したあとは小田原から箱根山に登り、箱根関所の番衆と人を食ったような押し問答をしてなんとか通過しています。この日記はコミカルな記述が随所に出てきて面白いです。箱根からは日金山（熱海市）を経由して伊豆権現（現在の伊豆山神社）、そして伊豆半島を時計回りに一周して天城越え、それから富士禅定（富士山登頂）を果たしました。

いくら修行を積んだ山伏といっても超人的な脚力です。この回国修行中に三十代後半の平四郎の方はたびたび体調を崩しますが、泉光院にその気配はありません。

泉光院のこの回国修行は当山派の修験見聞役としての役目も兼ねていたようです。たしかに各地で当山派山伏のもとを訪ねています。丹沢山麓の村にも、当山派の有力な修験寺がいくつかありました。特に渋沢村（秦野市）の吉祥寺は近郷十七ヶ寺の修験寺を支配していました。しかし、泉光院は吉祥寺には立ち寄らなかったようです。

聖護院門跡雄仁の碑伝

八菅神社の宝物館に保存されている記念碑的な碑伝の中でもっとも巨大なのは、天保十二年（一八四一）九月に聖護院門跡雄仁親王が来山した時のもので、高さはなんと六㍍を超えます。そこにはこう記されています。

熊野三山検校三井長吏役優婆塞正嫡八菅山巡禮一身大阿闍梨聖護院二品雄仁親王

「三井長吏」とは天台宗寺門派（三井寺・園城寺）の長官、「役優婆塞」はやはり役行者のことです。「一身阿闍梨《いっしんあじゃり》」は、密教の修行をこなし伝法灌頂という正式の儀式で秘法を伝授された皇族や摂関家出身の僧に与えられる称号、「二品《にほん》」は皇族の二番目の位階です。

雄仁親王は伏見宮家出身ですが、光格天皇の猶子となって聖護院門跡を継ぎます。大峰修行は天保十年（一八三九）、十九歳の時です。この時、八菅山伏の宝喜院永寧は大峰小篠宿で懺悔導師を務め全国の山伏たちから称えられたと伝わっています。江戸時代の門跡の入峰では、多い時には二万人を超える行列が京都を出発し大峰山中にも数百人が修行に入ったようですが、聖護院に残る記録では天保年間の入峰者数は多い時は一〇六人、少ない時は三十一人だったようです。いずれにしても、七月から十月まで三か月に及ぶ入峰修行の中で八菅山伏と雄仁親王の間に相当の交流があったことは確かだと思います。

天保十二年八月、雄仁親王は江戸に下向して第十二代将軍徳川家慶に対して加持（密教修行者が仏の守護を祈る儀式）を行います。そして翌月、かつて大峰修行を共にした八菅山伏のもとを訪ねます。八菅では、雄仁親王のために仮の御殿を新築して迎え接待したこと、山伏たちが密教と修験の法をいろいろと伝授されたことなどが伝わっています。

雄仁親王は歴史上最後の皇族山伏となりました。慶応四年（一八六八、明治元年）一月になると、皇族は仏教の僧であることが禁止され復飾《ふくしょく》（還俗《げんぞく》、出家の身から生活人に戻る事）。そして二月に海軍総督、八月没。それまで仏教界の頂点にいた他の宮（親王）門跡たちも、知恩院門跡（浄土宗）は皇族として国に尽くすという熱烈な要望書を提出して海外留学第一号皇族としてアメリカ海軍へ留学後、海軍少将。仁和寺門跡（真言宗）は戊辰戦争で活躍後、複数回にわたる請願の末イギリスへ留学、日清戦争でも活躍し元帥陸軍大将。寛永寺門主輪王寺門跡（天台宗）は上野彰義隊と奥羽越列藩同盟の象徴的盟主として戊辰戦争では新政府軍に抵抗しましたが、降伏後はやがてドイツの陸軍大学へ留学し軍人として名をあげ台湾で亡くなりました。男子皇族の多くは、江戸時代は僧へ、明治時代は軍人へと進路の方向は全く変化して行きました。

雄仁親王からの拝領品を納める菊紋と桐紋の入物箱（八菅山旧院坊蔵）

第10章　神仏分離と『新編相模国風土記稿』

里の山伏と村人の生活

平安時代の「山臥《やまぶし》修行」、つまり山に臥して修行をする者が「山伏」の語源です。ところが、江戸時代は里に定住する山伏が圧倒的に多数でした。寺社組織を離れて里で暮らす山伏です。人口密度の高い里には山伏の需要がありました。

どのくらいの山伏が里に住んでいたのでしょうか。江戸時代の地誌『新編相模国風土記稿』から統計的に例をあげます。津久井郡と合併前の旧相模原市域では、当時、全十七村総戸数三〇八一で修験寺院は十三。厚木市域は、全三十五村総戸数三六二〇で修験寺院十四。伊勢原市域は全三十三村総戸数二三一九で修験寺院二十五（うち日向山霊山寺所属の修験を含む）。秦野市域は全三十三村総戸数二八五七で修験寺院十六（うち大山御師兼帯の蓑毛の修験を含

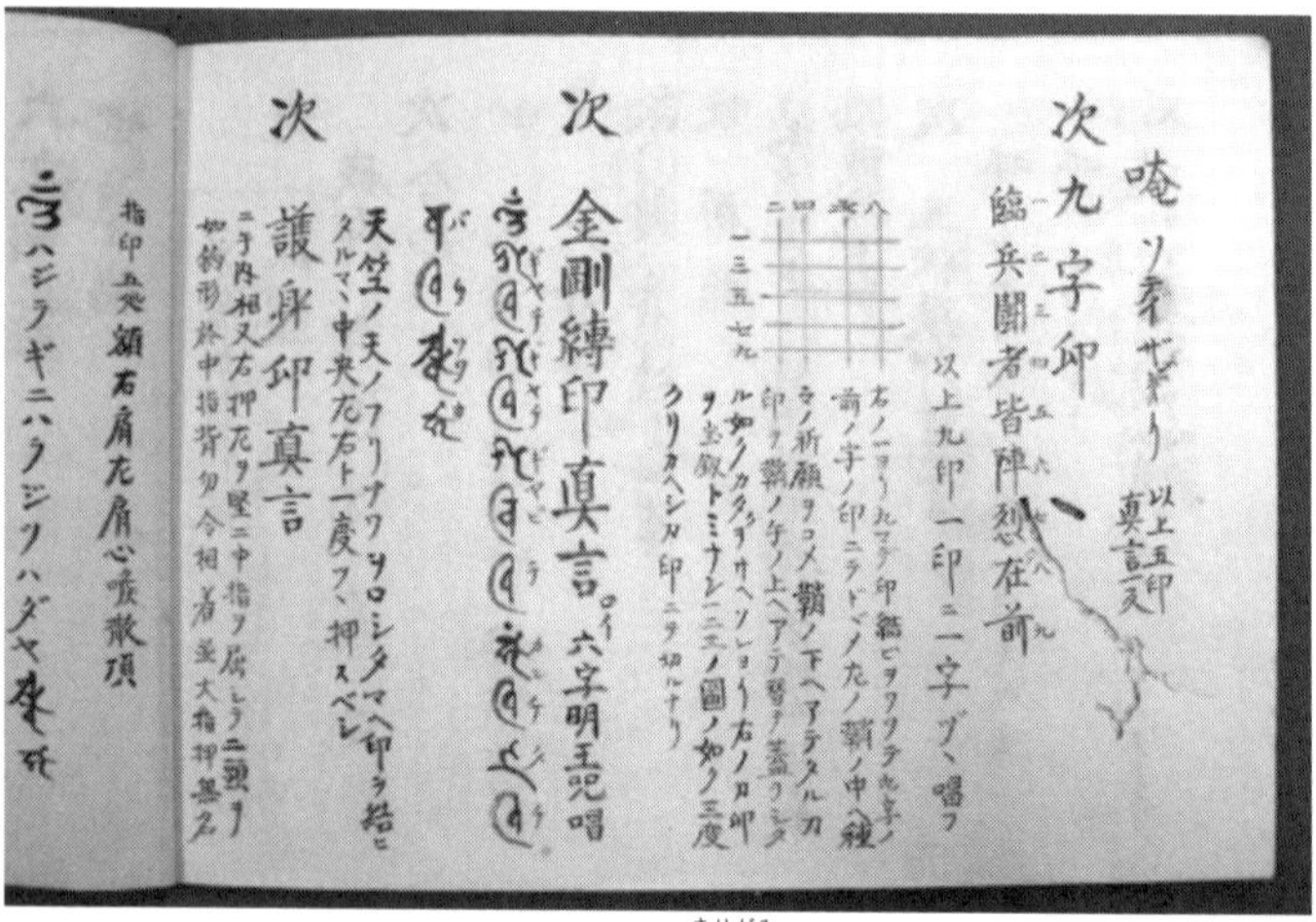

里山伏の末裔の家に伝わる切紙《きりがみ》（秘呪の伝授メモ）

む）。当時の一村の平均はだいたい百戸ぐらいです。つまり、少なくとも二村あたりに一人の山伏は必要だったとも言えます。

里の山伏の仕事をいくつかピックアップしてみます。まず、村の鎮守や小社の別当《べっとう》としての祭祀《さいし》があります。江戸時代の丹沢周辺の村で神職の姿を見かけるのはまずまれです。次に祈祷《きとう》。修行を積んだ山伏が昔から行ってきたことです。注連縄を張り場や人を清める、地鎮祭、健康祈願、安全祈願、憑き物落としや魔よけ動物よけの呪《まじな》いなど、村人の生活に欠かせない祈りを担当していました。それから、村のインテリとして寺子屋を開いて教育活動を行う山伏も少なくありませんでした。多くの山伏は世襲制で幼少期から経文を学び書物に通じていました。

しかし、山伏としてその立場を維持するためには、装束を着る許可を得たり位階を上げるためには、本山への上納金や紀伊半島への峰入りの旅に多額の費用を用意する必要がありました。山伏の装束も勝手に着用することが社会的に許されていなかった時代です。

江戸時代に始まっていた神仏分離

江戸時代が終わり明治維新を迎えた時、神仏分離が政府の方針となり仏教排斥運動（廃仏毀釈《はいぶつきしやく》）までもが沸き起こったことはよく知られています。神社と寺院は本来別のものだという信念・信条は江戸時代後期に広がり始め、その考え方を持つ勢力が明治維新の先頭に立ちました。水戸藩（茨城県）、そして薩摩藩（鹿児島県）と長州藩（山口県）などは、江戸時代にすでに寺院整理と仏教排斥を進めていた藩です。ところが、歴史を調べると、全国的には仏教伝来以降に成立した神社が多く、それ以前の姿がわかる神社はそう多くはありません。さらに神仏習合の神格である権現社や八幡宮は始まりから一山組織の寺院形態で運営されていました。日本の宗教文化の特徴である神仏習合の一つの形です。

さて、神奈川県西部地域の江戸時代後期の神仏分離運動の様子はどうだったでしょうか。相模国でもその兆候をいくつか見つけ出すことができます。まず、天保年間（一八三〇～一八四四）を境に白川家門人の神道家の活動が始まります。白川家は朝廷の祭祀を司る神祇伯という家柄でしたが、室町時代以降は吉田神道の吉田家の勢いに押されて限られた活動しか行えませんでした。ところが、十九世紀に入ると白川家は復古神道で有名な国学者平田篤胤《あつたね》を学頭に迎えて積極的に門人神道家を増やしていきました。相模国でも白川家門人が神主となる例が急増しています。つまり、もともとは村の有力者や代表者が、または僧侶や山伏が祭祀を行っていたお社《やしろ》やお宮の祭祀権を次第に獲得していったものと思われます。神仏分離の考え方は相模の村々にも少しずつ広がっていました。

さらに、十九世紀前半に、大山と八菅山が幕府に提出した報告書『地誌調書上《ちししらべかきあげ》』の内容を調べてみると、不思議なことに気付きます。

かつて各所の御嶽神社（旧称「蔵王権現社」）の祭神だった蔵王権現（筆者画）

『新編相模国風土記稿』編纂と神仏分離

『地誌調書上《ちししらべかきあげ》』とは、江戸幕府が、武蔵国と江戸、そして相模国の村々・町・寺社から提出させた地誌編纂《へんさん》のための報告書です。湯島聖堂（東京都文京区）に隣接する昌平坂学問所の地誌調所がそれを担当していました。地誌調所の役人は手分けして現地調査をしながらこの『書上』を受け取って持ち帰りました。たとえば、八菅山には文政九年（一八二六）に二人の役人が訪れてこの報告書を受け取っています。役人の他に何人かのお供もいたようです。大山へは天保六年（一八三五）です。出来上がった『新編相模国風土記稿』と各『書上』を比べてみると、ほぼこの報告書をベースに編纂されたことがよくわかります。ただし、八菅山と大山では大きな書き換えが行われていることにも気付きます。

国立公文書館に現存する『相州八菅山書上』では、中津川を渡ってすぐの総門から山上の七社権現社まで八菅山全体が「光勝寺」という一山寺院であると報告しています。ところが、『風土記稿』では、「七社権現社」と別当寺「光勝寺」に分割して説明されます。山内の有力山伏の年番によって運営され別当《べっとう》（組織の長官職）がいなかった八菅山に「別当寺」という造語をあてて本堂周辺だけを寺院扱いです。八菅山光勝寺の報告の内容をそのまま受け取らず幕府役人の頭の中で考えた神仏分離が見えてきます。

『相州八菅山書上』

『大山地誌調書上』は東京大学史料編纂所に大正時代の写しが現存していました。これも門前町の報告書も含んで大変なページ数がありますが、大山全体、つまり登山口の前不動堂（今の八意思兼神社、追分社）から山頂の石尊権現社（今の阿夫利神社本社）まですべてが「大山寺」として報告されています。これが、『風土記稿』では山頂「石尊社」と「大山寺」に分割されて説明されます。つまり本堂「不動堂」（現在の下社の場所）周辺だけを「大山寺」としました。幕府役人の頭の中の神仏分離は現代の大山の歴史説明にも大きな影響を与えています。同じように権現社が祭られていた他の霊山の『書上』の発見も待たれるところです。

修験道廃止令と峰入り修行の終わり

第1章でご紹介した清川村煤ヶ谷八幡神社の八菅山伏の碑伝（祈祷札）の中に明治三年（一八七〇）のものが残っていました。このお札には今まで見られなかった新しい文言が登場しています。「今上皇帝（＝明治天皇）」「宝作（＝豊作）万歳《ばんざい》」「国家鎮護」。徳川幕府の世は終わり、天皇を国家祭祀の頂点に戴いた明治の世が動き出していたのです。

山伏にとっての大変動は慶応四年（一八六八）に始まりました。神社の別当を務める僧に復飾が命じられ、山伏にとって重要な仏教的な山の神々「熊野権現」「蔵王権現」「箱根権現」「石尊権現」などの呼び名も禁止されました。そして、多くの山岳寺院が神社になりました。神仏分離令です。これに乗じた過激な勢力が廃仏毀釈《はいぶつきしゃく》運動を起こしたことはよく知られています。

この碑伝はその時代のものです。

「明治三年閏十月吉辰（吉日）」、明治五年までは旧暦なので今の暦ならば十一月から十二月にかけての初冬、十五人の山伏がここで採灯護摩を修行し国家鎮護の祈願を行ったのです。「大」

が付いているので大規模に行われ多くの村民が集まったのではないでしょうか。ただ、これは不思議な碑伝です。この時すでに八菅神社が発足しています。ところが、ここには「光勝寺」と明記されています。しかも、八菅山には存在していなかった見慣れない二つの院坊名が記されています。当時の八菅山は、明治新政府に対しては、還俗して神仏分離を行い八菅神社に奉仕することを積極的に表明するなど極めて従順な態度を組織的に取っていました。ところが、実際は山伏衆としての活動を継続し明治四年（一八七一）まで峰入り修行を行っていました。つまり、光勝寺であることもあきらめていなかったのです。政治情勢を見ながら一山としての行く末を探りつつ神社と寺の二つの道を残していたのかもしれません。この碑伝も不動明王を本尊としています。それを象徴する梵字「カンマン」が大きく一番上にあります。そして二つの院坊名はすでに還俗して改名をしている建前上、カムフラージュとしての院坊名だったのかもしれません。

しかし、明治五年（一八七二）、「修験道廃止令」が明治新政府から通達

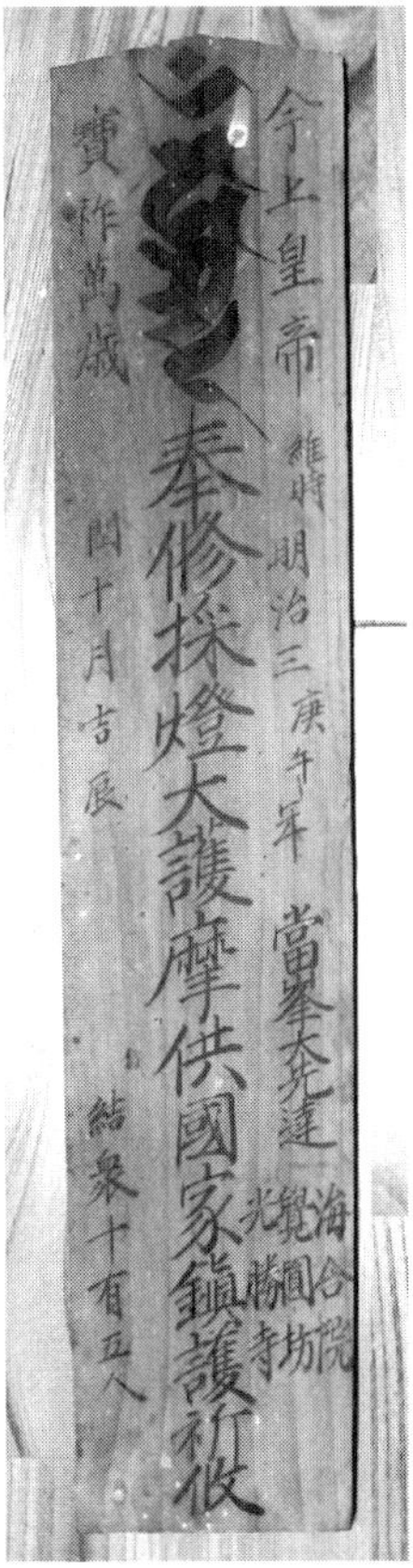

明治三年の八菅山伏の碑伝

されました。山伏そのものが禁止されたのです。全国の山伏が選択を迫られました。それは、天台宗・真言宗の僧侶として活動を続けるか、還俗して神職となり真言と経典ではなく祝詞《のりと》と祓詞《はらえことば》を唱える神主として活動するか、やはり還俗して他の職業につくか。丹沢山地を修行エリアにしていた修験集団はいずれも還俗の道を選びました。新しい時代に生き残るための決断です。

翌、明治六年（一八七三）の晩秋、英国外交官のアーネスト・サトウ（武田久吉氏の父）の一行が大山に登って蓑毛に下り、さらにヤビツ峠近くを越えて札掛経由で宮ヶ瀬まで、遭難騒動を起こしながら冒険しています。その五日間の日記には、神社化のすすむ大山の様子や丹沢の山々やそこからの展望の景観、中津川上流部の渓谷の様子などが記されています。その時、法螺貝の音を聞くことはもうおそらくなかったでしょう。

『新編相模国風土記稿』浄書本

本書では、江戸時代の地誌『新編相模国風土記稿』の中からもたくさんの引用をしています。この地誌は天保十二年（一八四一）に江戸幕府の事業として完成したものです。担当していたのは昌平坂学問所（東京都文京区湯島）の地誌調所《ちししらべしょ》です。そして、徳川将軍に献上された浄書本（清書本）は江戸城内の図書館だった紅葉山文庫の明治六年（一八七三）五月の皇居火災で焼失してもう存在しないと神奈川県内では考えられていたようです。

しかし、何を原本として写したのかがわからない明治六年十二月に筆写された写本が国立公文書館（内閣文庫本）に存在していますし、活字刊行本も明治時代から出版・販売されてどこの図書館にも置いてあります（鳥跡蟹行社・谷野遠本と大日本地誌体系本）。神奈川県の歴史の勉強をする方はこの活字本を必ず活用しているはずです。

実は、浄書本（清書本）は二部作成されていたことがわかってきました。姉妹編と言える『新編武蔵国風土記稿』（『新編武蔵風土記稿』とも）も同様です。一部は徳川将軍への献上本として江戸城紅葉山文庫へ、もう一部はそのまま地誌調所に収蔵されました。

では、地誌調所に収蔵された一部はどこにいったのでしょう。実は大日本帝国陸軍が終戦まで管理していました。そして、敗戦が決まり進駐軍がやって来る直前に帝国図書館（後の国会図書館）へこの資料を移したのです。ところが、昭和五十一年（一九七六）までは未整理の状態だったためでしょうか、あまり知られないまま今日に至っています。文章の筆跡も挿図もたいへん綺麗なまさに浄書本です。江戸時代の地誌調所の蔵書印「編脩地志備用典籍」、明治時代の陸軍の蔵書印「陸軍文庫」、そして現在の国立国会図書館の蔵書印「国立国会図書館蔵書」、

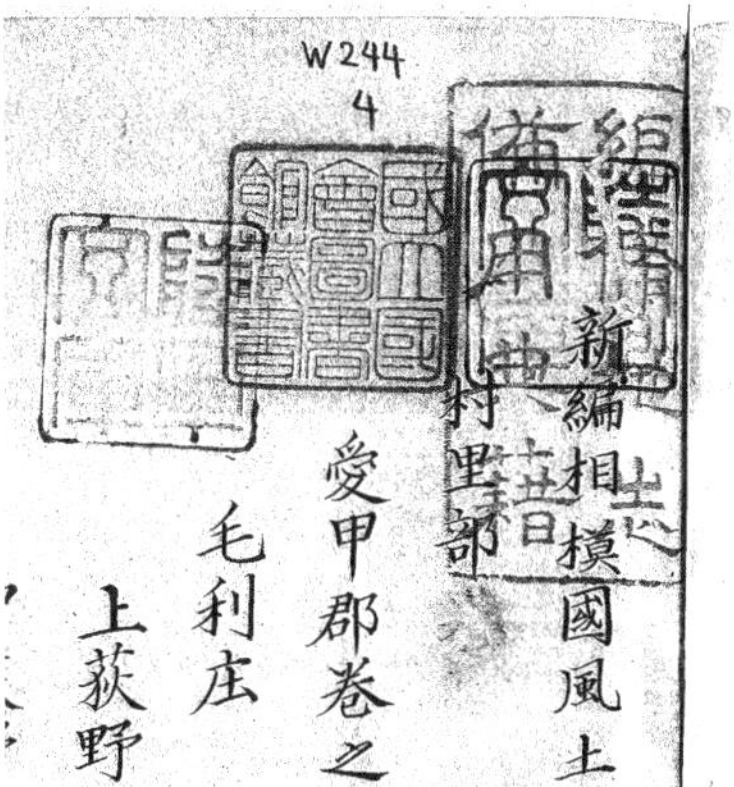

『新編相模国風土記稿』浄書本の蔵書印

各巻の冒頭には時代を超えた所有者の遍歴が押印されています。

『新編相模国風土記稿』写本との比較

浄書本と写本・刊行本を比べてみると、陸軍が管理していたこの浄書本を写したことが一目瞭然です。しかも、どの写本・刊行本にも写し間違いがたくさんあります。内閣文庫本の筆跡も挿図もなかなか頑張っていますが、浄書本に比べるとやはり見劣りします。

写し間違いの例もいくつかあげてみます。

・八菅山に伝来する聖護院道増の碑伝の幅は浄書本では「一尺（約三〇センチ）」、内閣文庫本では「一丈（約三メートル）」、刊行本ではまた「一尺（約三〇センチ）」。

・八菅山にあった院坊「南正坊」「秀圓坊」は浄書本と内閣文庫本には書かれていますが、刊行本では全く消されてしまいました。

・大山の門前町のみそぎの滝「本滝《もとだき》」の幅は浄書本と内閣文庫本では「一尺二寸（約三六センチ）」、刊行本では「一丈二尺（約三メートル六〇センチ）」。

・大山は夏でも気候が涼しいことを夏のうっとうしい生物が出ない様子で表現していますが、浄書本と内閣文庫本では「蚊虻」（カとアブ）だったのが、刊行本では「蚊蛇」（カとヘビ）。

では、浄書本にも間違いはないのでしょうか。実はあります。それは地誌調所に現地から提

浄書本「大山図」と内閣文庫本「大山図」の一部を比較

出された報告書『地誌調書上』と比べると気づきます。

・八菅山伏の入峰修行三十行所のうち「廿五番十一面嶽」。それが浄書本でも写本・刊行本でも消えています。

これは明らかな地誌調所のミスです。細かい事ですが、以上のような異同箇所を各市町村ごとに丁寧にチェックする作業が地域の歴史を調べる上で今後必要ではないでしょうか。

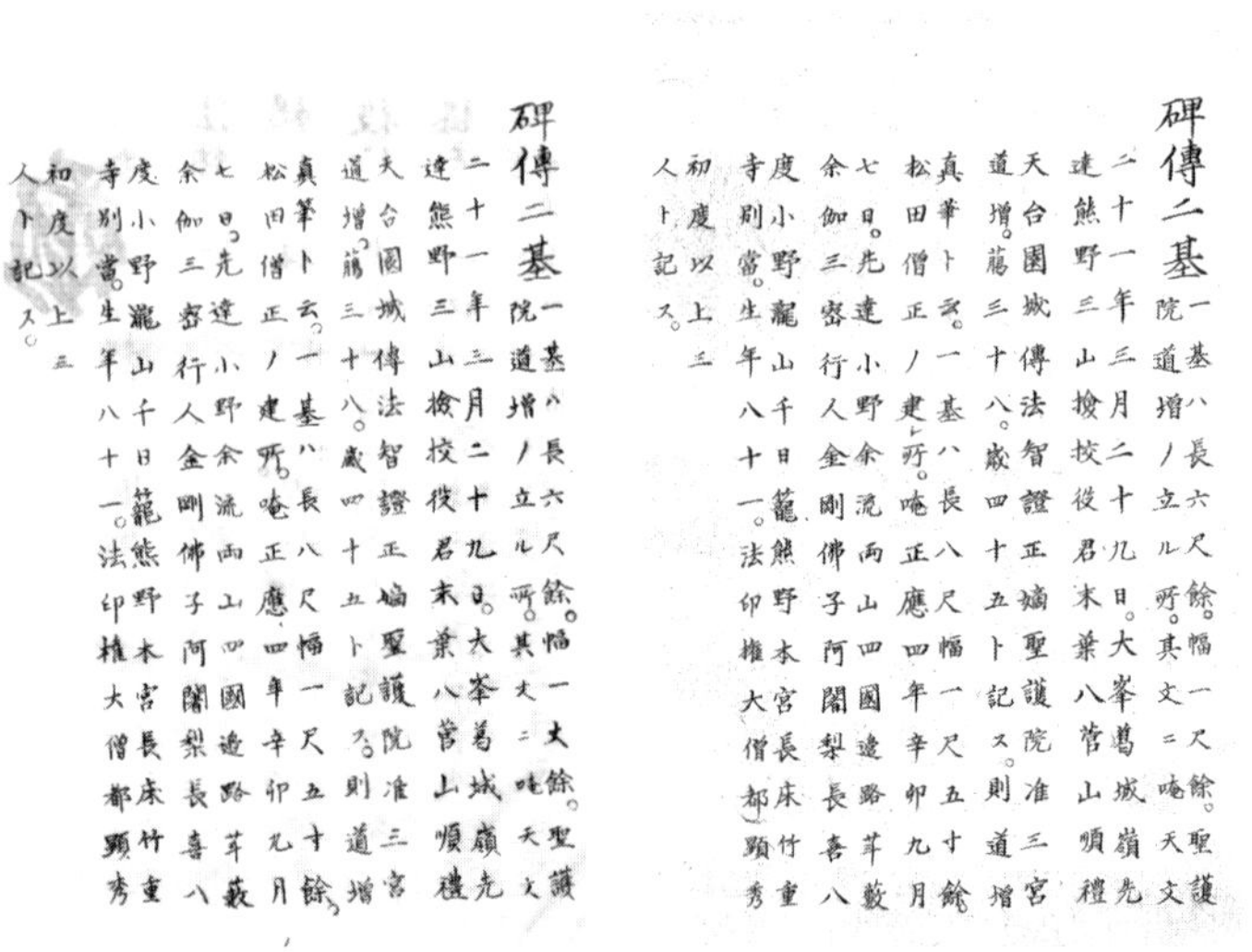

碑傳二基 一基ハ長六尺餘。幅一尺餘。聖護院道増ノ立ル所。其文ニ唵天文二十一年三月二十九日。大峯葛城嶺先達熊野三山撿校役君末葉八管山順禮天台園城傳法智證正嫡聖護院准三宮道増。萬三十八。歳四十五ト記ス。則道増真筆ト云。一基ハ長八尺幅一尺五寸餘松田僧正ノ建ル所。唵正應四年辛卯九月七日。先達小野余流両山四國遍路苐八余伽三密行人金剛佛子阿闍梨長喜八度小野瀧山千日籠熊野本宮長床竹重寺別當。生年八十一。法印権大僧都顕秀初度以上三人ト記ス。

碑傳二基 一基ハ長六尺餘。幅一丈餘。聖護院道増ノ立ル所。其文ニ唵天文二十一年三月二十九日。大峯葛城嶺先達熊野三山撿校役君末葉八管山順禮天台園城傳法智證正嫡聖護院准三宮道増。萬三十八。歳四十五ト記ス。則道増真筆ト云。一基ハ長八尺幅一尺五寸餘松田僧正ノ建ル所。唵正應四年辛卯九月七日。先達小野余流両山四國遍路苐八余伽三密行人金剛佛子阿闍梨長喜八度小野瀧山千日籠熊野本宮長床竹重寺別當。生年八十一。法印権大僧都顕秀初度以上三人ト記ス。

浄書本（右、原本）と内閣文庫本（左、筆写本）の筆跡比較
＊1行目の「一尺」が「一丈」と誤写されている

あとがき

新型コロナウイルス感染症（COVID−19）という世界的な災いに見舞われる中、この原稿を書いています。行政府からは非常事態宣言と外出自粛要請が出され、日常の仕事はほとんどストップし収入も途絶しました。世界中の多くの人々がそのような不幸の中に投げ出され将来の不安におびえています。自分が資料や論文を頻繁に複写させて頂く、国立国会図書館も神奈川県立図書館も相模原市立図書館も、感染症対策のために休館が続いています。幸いにして、必要な歴史資料と参考文献の多くは手元に揃えてありました。一部はデジタル・アーカイブも活用しました。ただごく一部は一つの論文を参照したいがために大部の専門書も購入せざるを得ませんでした。世界的な非常事態の中です。止むを得ません。それよりもこのぽっかり空いてしまった時間にこの原稿を書き上げなければという強い使命のようなものを感じました。多くの人にこの情報を届けたいと思いました。この社会の未来のためにこの情報は必要なはずだと思っているのです。

現代はインターネットの時代です。この災いの最中も家にこもった人々はインターネット上のＳＮＳを利用した交流や情報発信、そして情報の収集を盛んに行っています。色々なことがインターネットで調べられます。ところが、出鱈目な情報も少なくないのがインターネットの世界です。そこで、常識のある人は、現代の事柄について調べるのであれば、一次資料（オリジナルな資料）にもとづいた根拠やデータが示された情報であれば信用して受け入れるというのが一般的ではないでしょうか。

これが、過去のことをインターネットで調べるとなると、信用できる情報に出会う機会はぐっと減ります。一次資料にもとづいた歴史的情報も確かにあります。大学などの研究教育機関や行政の社会教育・文化財を担当する部署などの調査研究成果、公文書館・博物館・図書館などが公開しているデジタル・アーカイブなどです。しかし、読み解くのに手間がかかるので、急いでいる時や専門外のことでは手っ取り早く単語で検索結果が出るウェブページで情報を素早く得ようとします。筆者もそうです。その中でもウィキペディアは世界中で活用されているサイトです。誰もが編集に参加できて、アクセスできるフリーの百科事典。歴史的情報も豊富です。ところが、これがなかなか信用できるとは限りません。もちろん研究者が参加しながら議論を深め学術研究のレベルに達している項目もあります。しかし、万人が編集に参加できるサイトなので、各個人・各地域・各組織が自分たちの考えや主張・宣伝を展開する場にもなります。そこでやはり信用できる一次資料にもとづいているのかが判断の材料になります。

学校の教科書等ではあまり扱われず、研究者も少ない分野は特に要注意です。筆者は丹沢をフィールドに山岳宗教の研究をしてきましたが、今までの誤解と俗説の呪縛から解き放つ作業の繰り返しでした。たいていは二次資料（後の時代の人が書いた本や論文などの著作物）の中に記された推測や仮説の受け売りが原因です。

本書では、昔のその時代の資料、つまり一次資料になるべくこだわって、当時の人々がやっていたことと考え方を大切にするように心がけました。書き始めるきっかけが新聞の連載だったので、専門知識になじみのない方にも読んで頂こうと、ですます調で分かりやすさにもこだわりました。

それに、一次資料もなく結論が出せないことにはなるべく言及しないことにしています。例えば、丹沢の周辺をはじめ全国に「山伏峠」という地名があります。地名は山伏でも修行者はそう名付けません。里人の伝承からの命名と考えられます。その山伏のイメージは様々でしょう。中には六十六部という回国の巡礼者が山伏と見なされた例もありそうです。いずれにしても、山伏との関係は不明です、としか言えません。また、『延喜式 神名帳』（十世紀、平安時代）という、古代国家が捧げものを献上する神様の公式リストがありますが、ここに記された

「阿夫利神社」（アフリノカミノヤシロ）はどこにあったのでしょうと質問されても、これもわかりませんとしか答えられません。『延喜式』の時代よりも大昔から祭られていたはずですが、他に歴史資料そのものがありません。ただ、この時代には「ジンジャ」という日本語はまだ一般的ではないようです。江戸時代以前の一般的な表記は神様の名前に社《やしろ》です。わかることは、古代の大山の神様は「阿夫利神」と呼ばれていたのだろうということと国府の役人がやって来て大山を礼拝し儀式を行うのに適した場所に「社《やしろ》」があったのだろうという推測のみです。全国的に見て古墳時代以降仏教伝来以前の山岳信仰では、山頂は禁足地で祭祀は山麓で行っていたと考えられています。研究者の立場ではそれ以上の言及はできません。

本書の情報元になる自分の各論文執筆の段階では多くの方々にお世話になりました。その御恩はそのまま本書に活かされています。聖護院門跡の皆様と本山修験宗の山伏の皆様、大山阿夫利神社宮司 目黒仁様、愛川町郷土資料館 山口研一様、八菅 足立原章様、同 足立原勇様、あつぎ郷土博物館 大野一郎様 、同 飯田好人様、そして発足したばかりの相模国霊場研究会の皆様。他にもお世話になった方はたくさんいらっしゃいます。皆様に深く御礼申し上げます。

そして、もしご存命だったら本書を読んで頂きたかった、職場の先輩だった故広島三朗氏（神奈川ヒマラヤ登山隊長）と研究同志だったフランスの故シモン・ピエール氏に、感謝の念を込めて手を合わせたいと思います。

最後に、未来が、我が子・我が孫の世代が安心して平穏に暮らせる世界でありますように。

【挿絵】

『御行列』(柏屋勘右衛門・新屋平次郎　宝暦七年、愛川町郷土資料館蔵　足立原美智子氏寄贈　宝喜院文書)

【参考文献・史料】

さらに情報を深めたい方やご興味のある方のために。

全般にかかわるもの

城川隆生『丹沢の行者道を歩く』(白山書房　二〇〇五)

城川隆生「地方霊山の入峰空間と寺社縁起―丹沢と大山寺修験―」『山岳修験』第39号(日本山岳修験学会　二〇〇七)

城川隆生「丹沢山地・蛭ヶ岳と山岳修行者の空間認識」『山岳修験』第58号(日本山岳修験学会　二〇一六)

城川隆生「「相模の国峰」再考―『相州愛甲郡八菅山附属修行所方角道法記』と『相州八菅山書上』―」(『山岳修験』第62号、日本山岳修験学会　二〇一八)

城川隆生「相模の一山寺院と『風土記稿』地誌調書上」『山岳修験』第65号(日本山岳修験学会　二〇二〇)

小島瓔禮『神奈川県語り物資料　相模大山縁起』（神奈川県教育委員会、上一九七〇・下一九七一）
小島瓔禮『中世唱導文学の研究』（泰流社　一九八七）
『新編相模国風土記稿』（江戸幕府地誌調所　天保十二年、国立国会図書館蔵陸軍文庫本　一八四一、国立公文書館蔵内閣文庫本　一八七四、鳥跡蟹行社刊行本　一八八八、雄山閣大日本地誌体系刊行本　一九九八）
『相州八菅山書上』（八菅山　文政九年、国立公文書館蔵）
『大山地誌調書上』（大山寺・大山町　天保六年、東京大学史料編纂所蔵）
「天文十五年　神分諸次第」「慶長二年　神分諸次第」『愛川町古文書目録1』（愛川町教育委員会　二〇〇〇）
時枝　務・長谷川賢二・林　淳　編『修験道史入門』（岩田書院　二〇一五）
首藤善樹『修験道聖護院史要覧』（岩田書院　二〇一五）
五来重『寺社縁起からお伽話へ』（角川書店　一九九五）
中ノ堂一信『中世勧進の研究-その形成と展開-』（法蔵館　二〇一二）
太田直之『中世の社寺と信仰　勧進と勧進聖の時代』（弘文堂　二〇〇八）
武田久吉「丹沢山塊概説」『丹沢山塊』（山と渓谷社　一九五四）

第1章　山岳修行の始まりと修行者の痕跡

『季刊考古学　第121号　特集　山寺の考古学』第121号（雄山閣　二〇一二）
上原真人「古代の平地寺院と山林寺院」『仏教藝術』265（毎日新聞社　二〇〇二）
加藤芳明・冨永樹之「厚木市七沢の鐘ヶ嶽採集の瓦について」『神奈川考古36』（神奈川考古同人会　二〇〇〇）
「大山調査概報」『横須賀考古学会年報』（横須賀考古学会　一九六〇）
「大山の話」『かながわ文化財』第73号（神奈川県文化財協会　一九七七）

第2章　丹沢・大山の地名と山伏

「今大山縁起」（『神奈川県史』資料編8）
「徳治二年　長井貞秀書状」（『金沢文庫古文書』『鎌倉遺文』『神奈川県史』『伊勢原市史』）
『あいかわの地名』（愛川町教育委員会　一九九一）
「峯中記略扣　常蓮坊」（『伊勢原町勢誌』一九六三、『神奈川県史　各論編5　民俗』一九七七）
「北條貞時十三年忌供養記」（円覚寺文書　元亨三年、『神奈川県史　資料編2　古代・中世（2）』一九七三）

第3章　相模の国峰

宮家準研究室『修験集落八菅山』（愛川町　一九七八）

長谷川賢二『修験道組織の形成と地域社会』（岩田書院　二〇一六）
「山伏帳　下」『修験道章疏三』（『日本大蔵経』第38巻　国立国会図書館デジタルコレクション　日本大蔵経編纂会編　一九二〇）
『厚木の地名』（厚木市　一九九六）
奈良山岳遺跡研究会『大峰山岳信仰遺跡の調査研究』（由良大和古代文化研究協会　二〇〇三）
「改申諸法度之事」（石野瑛編『相模大山縁起及文書』武相考古會　一九三一）
深澤太郎編『伊豆修験の考古学的研究―基礎的史資料の再検証と「伊豆峯」の踏査―』（國學院大學　二〇一二）
大高康正『富士山信仰と修験道』（岩田書院　二〇一三）
『甲斐国志』（『大日本地誌体系』雄山閣　一九六八）
『修験道章疏二』（『日本大蔵経』第37巻　国立国会図書館デジタルコレクション　日本大蔵経編纂会編　一九二〇）
『相州愛甲郡八菅山付属修行所方角道法記』（八菅山　江戸時代後期、聖護院文書）

第4章　山岳信仰と文化の伝播

『仏説観普賢菩薩行法経』（曇摩蜜多訳　五世紀頃、SAT大藏經テキストデータベース　東京大学大学院人文社会系研究科次世代人文学開発センター SAT大藏經テキストデータベ

ース研究会)
中村元編『仏教語源散策』(東京書籍　一九七七)
宮家準編『御嶽信仰』(雄山閣　一九八五)
湯山学『波多野氏と波多野庄』(夢工房　一九九六)
藤原道長『御堂関白記』全現代語訳(講談社学術文庫　二〇〇九)
安藤孝一編『経塚考古学論攷』(岩田書院　二〇一一)
時枝務『霊場の考古学』(高志書店　二〇一四)
瀬田勝哉『木の語る中世』(朝日新聞社　二〇〇〇)
盛本昌広『草と木が語る日本の中世』(岩波書店　二〇一二)
長野覚「日本人の山岳信仰に基づく聖域観による自然護持」(その一〜その三)(『駒澤地理』25・26　一九八九・一九九〇、『駒澤大学文学部研究紀要』50　一九九二)
『神奈川の林政史』(神奈川県　一九八五)
大友一雄「近世後期幕府炭会所の御林経営と農民闘争」『徳川林政史研究所研究紀要』(徳川黎明会　一九八六)
牛山佳幸「山岳霊場における女人禁制とその特質-女人堂と比丘尼石の検討を中心に-」(『科学研究費助成事業研究成果報告書』二〇一六)
鈴木正崇『女人禁制』(吉川弘文館　二〇〇二)

「地誌御調書上帳（蓑毛村）」（『秦野市史』第二巻近世史料1　一九八二）
「役行者本記」『修験道章疏三』（『日本大蔵経』第38巻　国立国会図書館デジタルコレクション　日本大蔵経編纂会編　一九二〇）
知切光歳『天狗考　上巻』（濤書房　一九七四）
知切光歳『天狗の研究』（大陸書房　一九七五）
神奈川県立歴史博物館『特別展　天狗推参！』（二〇一〇）
黒田日出男『龍の棲む日本』（岩波書店　二〇〇三）
「江嶋縁起」（『神奈川県史　資料編8近世（5下）』一九七九）
『江島大草子』（釋　因靜　宝暦四年、国文学研究資料館新日本古典籍総合データベース）

第5章　大山不動と染屋太郎伝承

大森順雄「願行上人とそれをとりまく鋳師たち」『日本の美術252　鉄仏特集』（至文堂　一九八七）
橋本初子『中世東寺と弘法大師信仰』（思文閣　一九九〇）
『厚木市史　中世通史編』（一九九九）
甲田宥吽「意教上人伝攷（下）」『高野山大学密教文化研究所紀要13』（二〇〇〇）
小島瓔禮「良弁僧正ゆかりの如意輪観音像　半原田代の寺と丹沢の行者道」『やまゆり』82号（神奈川ふだん記　二〇一六）

神奈川県立金沢文庫『特別展　仏教説話の世界』（二〇一五）
北条勝貴「良弁の出自と近江国における活動（上）（下）」『藝林46』（藝林会　一九九七）
『詞林采葉抄』（由阿　貞治五年、国文学研究資料館新日本古典籍総合データベース）
『新編鎌倉志』（河井恒久ほか　貞享二年、国立国会図書館デジタルコレクション　大日本地誌大系刊行会　一九一七）
『鎌倉攬勝考』（植田孟縉　文政十二年、国立国会図書館デジタルコレクション　大日本地誌大系刊行会　一九一七）
奥富敬之『鎌倉史跡事典』（新人物往来社　一九九七）
湯山学『相模武士―全系譜とその史蹟1〉鎌倉党』（戎光祥出版　二〇一〇）

第6章　日向薬師の縁起と行基伝承

小池淳一「坂東三十三ヵ所巡礼――寺院伝承の形成と展開」『国文学　解釈と鑑賞888　二〇〇五』
速水侑編『民衆の導者　行基』（吉川弘文館　二〇〇四）
根本誠二『行基伝承を歩く』（岩田書院　二〇〇五）
中尾堯『旅の勧進聖　重源』（吉川弘文館　二〇〇四）
久野修義『重源と栄西』（山川出版社　二〇一一）
『相州大住郡日向薬師縁起』（国立公文書館蔵）

鶴岡静夫『増訂版　関東古代寺院の研究』（弘文堂　一九八八）
西尾正仁『薬師信仰―護国の仏から温泉の仏へ―』（岩田書院　二〇〇〇）
武者小路穣『ものと人間の文化史41　地方仏』（法政大学出版局　一九八〇）

第7章　中世の山伏と山の寺

小笠原春香『戦国大名武田氏の外交と戦争』（岩田書院　二〇一九）
『士林泝洄』（名古屋市『名古屋叢書続編第十八巻士林泝洄（2）』一九六七）
『小田原市史』通史編　原始古代中世（一九九八）
三浦浄心『北条五代記』万治本（元和年間、国文学研究資料館新日本古典籍総合データベース）
矢代和夫・大津雄一『北条五代記』（勉誠出版　一九九九）
渡辺崋山『游相日記』（天保二年、厚木市教育委員会　一九八六）
『東海道分間延絵図』第三巻（江戸幕府道中奉行　文化三年、東京美術　一九七八）
阪本敏行・長谷川賢二 編『熊野那智御師史料』（岩田書院　二〇一五）
『厚木市史　中世資料編』（厚木市　一九八九）
首藤善樹・坂口太郎・青谷美羽　編『住心院文書』（思文閣出版　二〇一四）
首藤善樹『修験道聖護院史辞典』（岩田書院　二〇一四）
今枝杏子「遍照光院頼慶奥書集成並びに年譜考」（奈良女子大学大学院人間文化研究科『人

間文化研究科年報』二十五　二〇一〇）

第8章　江戸時代の丹沢の縦走記録

佐藤朝英『黒尊仏山方之事』（文化二年、大山御師文書）
漆原俊「毘盧ケ岳の薬師像」『丹沢』（秦野山岳会　一九三八）
松井幹雄「塔の嶽の尊佛岩」『山と渓谷』143号（山と渓谷社　一九五一）
武田久吉「蛭が嶽の薬師像」『山と渓谷』143号（山と渓谷社　一九五一）
奥野幸道『丹沢今昔』（有隣堂　二〇〇四）

第9章　丹沢山麓を訪れた山伏の記録

道興『廻国雑記』（文明十九年〜長享元年ごろ、国立国会図書館デジタルコレクション　文学同志会　一八九九）
近藤祐介『修験道本山派成立史の研究』（校倉書房　二〇一七）
村田弁二・足立原美枝子「相州八菅山の修験　宝喜院」（ふだん記全国グループ　一九八五）
『日本九峰修行日記』（宮本常一・原口虎雄・谷川建一編『日本庶民生活集成第二巻』三一書房一九六九）
鈴木昭英『修験教団の形成と展開』（法藏館　二〇〇三）
関口真規子『修験道教団成立史』（勉誠出版　二〇〇九）
前田博仁『近世日向の修験道　─日向各藩における修験と藩政─』（鉱脈社　二〇一六）

石附実『近代日本の海外留学史』（中央公論社　一九九二）
『日本人名大辞典』（講談社　二〇〇一）
熊野秀一「公現法親王の奥羽越列藩同盟における役割について」『大正大学大学院研究論集37』（二〇一三）

第10章　神仏分離と『新編相模国風土記稿』・あとがき

近藤喜博編『白川家門人帳』（白川家門人帳刊行会　一九七二）
安丸良夫『神々の明治維新』（岩波新書　一九七九）
鵜飼秀徳『仏教抹殺』（文春新書　二〇一八）
アーネスト・サトウ『日本旅行日記2』（平凡社東洋文庫　一九九二）
福井保『江戸幕府編纂物』（雄松堂出版　一九八三）
白井哲哉『日本近世地誌編纂史研究』（思文閣出版　二〇〇四）
八王子市郷土資料館『八王子千人同心の地域調査―武蔵・相模の地誌編さん―』（二〇〇五）
池邊彌『古代神社史論攷』（吉川弘文館　一九八九）
『延喜式　上（訳注日本史料）』（集英社　二〇〇〇）

【写真】

筆者撮影。ただし、聖護院本山修験宗大峰修行中の一部の写真については同行だった伊東辰典氏、故シモン・ピエール氏から提供して頂きました。

また、第10章の里山伏の切紙の写真は大野一郎氏（あつぎ郷土博物館）から、煤ヶ谷八幡神社の碑伝については飯塚利行氏（清川村煤ヶ谷）から提供して頂きました。

【地図作成】

鳥観図については山旅倶楽部のデータを用いてカシミール３Ｄで作成。

ホームページアドレス（http://www.kashmir3d.com/）

4ページ・46ページの地図は国土地理院の地理院地図Vectorの白地図上に作図。

著者紹介

城川 隆生（きがわ たかお）

一九五八年（昭和三十三年）生まれ。神奈川県秦野市出身。
もと神奈川県立高校社会科教諭
現在、万象房代表（東京都町田市）、フィールドワークガイド、日本宗教思想史研究者
研究関連ホームページ：中世の丹沢山地史料集 http://musictown2000.sub.jp/history/

【主要著書・論文】

- 『丹沢の行者道を歩く』（白山書房）
- 「相模の一山寺院と『新編相模国風土記稿』地誌調書上―大山寺と光勝寺―」（『山岳修験』第65号）
- 「相模の『国峰』再考―『相州愛甲郡八菅山付属修行所方角道法記』と『相州八菅山書上』―」（『山岳修験』第62号）
- 「丹沢山地・蛭ヶ岳と山岳修行者の空間認識」（『山岳修験』第58号）
- 「丹沢山麓の中世の修験とその関連史料」（『郷土神奈川』第47号）
- 「地方霊山の入峰空間と寺社縁起 ―丹沢と大山寺修験―」（『山岳修験』第39号）

丹沢・大山・相模の村里と山伏

～歴史資料を読みとく

二〇二〇年九月二十三日　初版発行

定価　本体価格一六〇〇円＋税

著者　城川　隆生 ©

発行　夢工房

〒257-0028　神奈川県秦野市東田原二〇〇‐四九

TEL (0463) 82-7652　FAX (0463) 83-7355

Eメール：yumekoubou-t@nifty.com

http://www.yumekoubou-t.com

2020 Printed in Japan

ISBN978-4-86158-095-6 C0021 ¥1600E